Franz Hillebrand

Die Neuen Theorien der kategorischen Schlüsse

Eine logische Untersuchung

Franz Hillebrand

Die Neuen Theorien der kategorischen Schlüsse
Eine logische Untersuchung

ISBN/EAN: 9783743348264

Hergestellt in Europa, USA, Kanada, Australien, Japan

Cover: Foto ©Suzi / pixelio.de

Manufactured and distributed by brebook publishing software
(www.brebook.com)

Franz Hillebrand

Die Neuen Theorien der kategorischen Schlüsse

DIE NEUEN THEORIEN

DER

KATEGORISCHEN SCHLÜSSE.

EINE LOGISCHE UNTERSUCHUNG

VON

DR. FRANZ HILLEBRAND.

WIEN 1891.

ALFRED HÖLDER,

K. U. K. HOF- UND UNIVERSITÄTS-BUCHHÄNDLER,

I., ROTHENTHURMSTRASSE 15.

Inhalts-Verzeichniss.

a *

III. CAPITEL.

Von den Schlüssen aus einer einzigen Prämisse, den sogenannten
unmittelbaren Folgerungen

b

EINLEITUNG.

— · —

§. 1. Da der Königsberger Philosoph das bekannte Wort aussprach, die Logik habe seit A r i s t o t e l e s keinen Schritt nach rückwärts, aber auch keinen nach vorwärts machen können und scheine daher „allem Ansehen nach geschlossen und vollendet zu sein", mochte er wohl zuvörderst die Lehre vom Schliessen im Auge gehabt haben, jenen vornehmsten Theil der ganzen Disciplin. In der That, auf diesem Gebiete vermag die Geschichte der Logik selbst bis auf unsere Tage fast keinen Fortschritt zu verzeichnen. Die Anstürme, die das Aristotelische Lehrgebäude in der Zeit des blühenden Nominaiismus, in der Renaissance und am Beginne der Neuzeit erleiden musste, hatten jenen Theil seiner Lehre unberührt gelassen. Denn der scharfe Tadel, den die Syllogistik zur Zeit der Wiedergeburt zu erfahren hatte, galt nicht ihr selbst, sondern den Ausartungen, welche ihr einseitiger und ausschliesslicher Betrieb nothwendig zur Folge hatte. Ja auch die Cartesianische Schule und viele spätere Denker, die hierin mit ihr übereinstimmen, verzichten auf die Aristotelische Syllogistik, nicht, weil sie sie für falsch halten, sondern weil sie an ihrer Unentbehrlichkeit für den Fortschritt in der Erkenntniss zweifeln.

Erst der modernen Zeit war es vorbehalten auch hier reformatorisch einzugreifen, indem theils die letzten Principien, aus denen das Schlussverfahren seine Berechtigung zieht, anderswo als bisher gesucht, theils die Methoden, vermittels deren aus den Principien die einzelnen Schlussformen abgeleitet werden, gründlich umgestaltet wurden. In ersterer Beziehung war es Fr. Alb. L a n g e, der, die räumliche Anschauung als nothwendige Vorbedingung betrachtend, die Principien alles Folgerns und Schliessens in synthetischen Urtheilen *a priori* sah,

auf die er die Logik aufbauen wollte, ähnlich wie Kant die
Geometrie. In letzterer Richtung haben sich in England unter
dem Einflusse Sir W. Hamilton's Bestrebungen geltend gemacht,
auf Grund neuer Auffassungen des Urtheilsphänomens die Methoden der Deduction mit denen der Algebra zu indentificiren
und beim Schliessen nicht anders zu verfahren, wie der Mathe-
matiker, wenn er aus einer Anzahl von Gleichungen eine Anzahl
von Unbekannten ausrechnet. Diese Methode wurde von Boole
und De Morgan ausgebildet, von Stanley Jevons aber zu
einem solchen Grade von Vollendung geführt, dass sie zur mühe-
losen Verrichtung jeder beliebigen, auch noch so complicirten,
deductiven Geistesarbeit befähigen sollte. Wenn wirklich die
Methode, die Jevons so feinsinnig ausgedacht, sich fehlerfrei
erweisen sollte, so drohte damit ein Zusammensturz der ganzen
syllogistischen Tradition.

Aber nicht allein in England. auch auf deutschem Boden
ist eine fundamentale Reform der Syllogistik angebahnt worden,
die ihrerseits ebenfalls mit einer von den hergebrachten durchaus
verschiedenen Ansicht über das Wesen des Urtheils zusammenhängt. Franz Brentano hat in seiner „Psychologie vom
empirischen Standpunkte" *) eine neue Auffassung vom Wesen
des Urtheils eingehend dargelegt und begründet, und kurz angedeutet, wie er sich auf dieser Grundlage eine Neugestaltung
der Lehre vom Schliessen denkt.

Eine entscheidende Kritik haben aber weder die Reform-
versuche jener englischen Logiker, noch der Brentano's erfahren. Ja in Betreff des letzteren können wir nicht ohne Ver-
wunderung constatiren, dass es bis jetzt kein Fachmann unter-
nommen hat, den Weg. den er gewiesen, auch wirklich zu gehen,
was er skizzenhaft andeutete, in seine Consequenzen zu ver-
folgen; dies wäre doch die erste Bedingung für eine angemessene
kritische Würdigung gewesen. **)

---

*) Leipzig 1874, I. Bd., Buch II, Capitel VI und VII.

**) Windelband („Beiträge zur Lehre vom negativen Urtheil", in den
„Strassburger Abhandlungen zur Philosophie", pag. 165—195) meint zwar, die
Weise, wie jene Reform zu denken wäre, sei „nicht allzu schwer zu errathen",
erklärt sie aber gleichzeitig für „etwas sehr mysteriös" und verzichtet schliesslich
„auf die Behandlung einer so geheimnissvollen Proclamation". Ob dieses Verfahren
im Interesse des wissenschaftlichen Fortschrittes gelegen sei, will ich dahingestellt
sein lassen.

Die dominirende Stellung, welche die hergebrachte Syllogistik allen Reformversuchen gegenüber noch immer einnimmt,
verdankt sie also weniger ihrer inneren Vorzüglichkeit (die ja
durchaus nicht festgestellt ist), als vielmehr dem Gewicht, das
ihr eine mehr als zweitausendjährige Tradition verleiht.
Angesichts dieser Thatsache scheint es nunmehr an der
Zeit, die überkommene Syllogistik einer neuerlichen Prüfung zu
unterziehen, nach der Richtigkeit der Gründe zu forschen, welche
moderne Logiker zum Bruche mit der Tradition veranlasst
haben, und schliesslich die neuen Theorien zu untersuchen,
welche nach der Meinung jener Logiker hinfort an die Stelle
der alten zu treten haben. In Betreff der von Brentano
angebahnten Reform ist vorher noch eine andere Arbeit zu
leisten; sie muss erst aus den psychologischen Gesetzen über
das Urtheil entwickelt und systematisch in ihre Consequenzen
geführt werden.

Hiermit wäre im Wesentlichen die Aufgabe charakterisirt,
welche wir uns in der vorliegenden Abhandlung gestellt haben.
Dass nicht einmal die Hälfte derselben von der Behandlung der
Syllogismen eingenommen wird, während der grössere Theil der
Theorie des Urtheils gewidmet ist, daran wird kein Leser Anstoss
nehmen, der weiss, dass die letztere die eigentliche Stütze der
ersteren bildet, so dass die Syllogistik sozusagen als Corollar
zur Theorie des Urtheils angesehen werden kann (worauf wir
noch später zu sprechen kommen werden).

I. CAPITEL.

Die psychologischen Merkmale des Schlussprocesses.

§. 2. Die Aristotelische Definition des Syllogismus als „λόγος, ἐν ᾧ τεθέντων τινῶν ἕτερόν τι τῶν κειμένωνἐξ ἀνάγκης συμβαίνει τῷ ταῦτα εἶναι" *) finden wir von fast allen Logikern, sofern sie nicht, wie H e g e l, metaphysische Gesichtspunkte in ihre Disciplin hineintragen, acceptirt. Sie bedarf indessen noch immer theils einer deutlicheren Interpretation, theils einer wesentlichen Ergänzung.

Derjenige psychische Act, den wir Schliessen nennen, gehört ohne Frage den Urtheilen zu, und zwar ist das Schliessen das Fällen der Conclusion. Es fragt sich nur, welcher Unterschied besteht, wenn Einer ein gewisses Urtheil (S ist P) a l s C o n c l u s i o n fällt, und wenn ein Anderer sozusagen (d. h. der Materie und Form nach) dasselbe Urtheil fällt, ohne dass es als Conclusion fungirt, indem es entweder ganz unmotivirt oder im blinden Glauben an die Autorität Anderer oder sonstwie gefällt wird.

Irgend ein Unterschied liegt nun ohne Zweifel darin, dass jenes Urtheil ein Mal durch anderes Urtheilen erzeugt wird, das andere Mal nicht. Nun ist das Verursachtwerden durch andere Urtheile (oder durch ein anderes Urtheil) zwar eine nothwendige, keineswegs aber eine hinreichende Bedingung für das Vorhandensein eines Schlussactes; denn auch jene im täglichen Leben hundertfach vorkommenden blinden Generalisationen, ebenso wie die gewohnheitsmässige „Erwartung des Aehnlichen unter ähnlichen Umständen", die ja auch den Thieren zukommt,

---

*) Anal. prior. I. 1. 21 b. 18, und ähnlich Top. I, 1, 100 a. 25, sowie Soph. el. 1. 165 a. 1.

theilen dieses Merkmal mit den eigentlich sogenannten Schlüssen: hier aber wird wohl kein psychologisch Gebildeter von einem Schlussprocesse reden wollen.

Vielmehr ist, damit wir von einem Urtheile sagen können, es sei aus anderen erschlossen, nothwendig, dass wir es u m j e n e s (o d e r j e n e r) a n d e r e n w i l l e n fällen, d. h. dass wir uns b e w u s s t sind, ein gewisses Urtheil nur darum zu fällen, w e i l wir ein anderes (beziehungsweise mehrere andere) Urtheile fällen. Dieses „weil" bedeutet für sich noch keinen E r k e n n t-n i s s g r u n d, sondern blos einen b e w u s s t e n R e a l g r u n d. Mit anderen Worten: ein Urtheil wird durch ein anderes (mehrere andere) bewirkt und dieses Bewirktwerden fällt in das Gebiet unserer inneren Wahrnehmung, wir werden uns seiner bewusst. Wir können ein solches Urtheil als ein m o t i v i r t e s bezeichnen, indem wir im weitesten Sinne unter M o t i v i r u n g eine b e w u s s t e V e r u r s a c h u n g (nicht Verursachung schlecht-weg) verstehen.

§. 3. Im Begriffe der Motivirung liegt es nun keineswegs, dass sie auch eine l o g i s c h b e r e c h t i g t e sei, d. h. es lässt sich von vornherein nicht behaupten, dass ein Urtheil n u r d e s h a l b, w e i l es durch ein anderes in bewusster Weise verursacht wird, nicht falsch sein könne, wenn jenes andere wahr ist (denn dies ist unter „logischer Berechtigung" zu ver-stehen). Bei manchen Paralogismen scheint ja ebenfalls das Moment der Motivirung gegeben, ohne dass natürlich von einer logischen Berechtigung die Rede sein kann. *) Es fragt sich

---

*) Nicht bei a l l e n Paralogismen ist dies der Fall; sehr häufig geschieht es, dass sich an Stelle einer Prämisse eine andere, ihr ähnliche, unterschiebt, ohne dass der Schliessende jenen Wechsel bemerkt. Mit Bezug auf jene neue Prämisse, die sich an Stelle der ursprünglichen eingeschlichen, ist dann der Schlussact ein ganz legitimer und trotzdem kann die Conclusion falsch sein. Derartige „Trugschlüsse der Verwirrung" (wie sie J. St. Mill im Anschlusse an B e n t h a m nennt) be-weisen also nicht, dass ein Urtheil durch ein anderes motivirt sein kann, ohne mit logischer Berechtigung aus ihm zu folgen. Es ist jedoch e i n m a l fraglich, ob j e d e r Trugschluss von dieser Art ist (was ich nicht mit Bestimmtheit behaupten möchte); d a n n aber würde, selbst wenn dies der Fall wäre, damit noch kein Argument gegen die b e g r i f f l i c h e Trennung der einfachen Motivirung von der logisch berechtigten Motivirung erbracht sein. Es wäre nur bewiesen, dass *de facto* jede Motivirung zugleich eine logisch berechtigte ist; nicht aber, dass dies schon im B e g r i f f e der Motivirung selbst gelegen sei.

also, was ausser jener Motivirung gegeben sein muss, damit die Folgerung eine logisch berechtigte sei.

In dem Begriffe der logischen Berechtigung ist ohne Zweifel der Begriff der Evidenz und der der Apodicticität enthalten. Um dies klar zu machen, wird es nöthig sein, zuerst jene beiden Begriffe zu definiren und gegen einander abzugrenzen.

Evident ist ein Urtheil dann, wenn es richtig und als richtig erkannt (als richtig charakterisirt) ist, so dass es eines Beweises weder fähig noch bedürftig ist. Dieser Art sind die Axiome, aber auch die Urtheile der inneren Wahrnehmung; denn nicht nur ist es richtig und in sich als richtig erkennbar, dass z. B. das Ganze grösser ist als der Theil, sondern es ist ebenso richtig und in sich als richtig erkennbar, dass ich jetzt dieses oder jenes vorstelle, fühle, will, daran zweifle etc., wie denn Descartes mit Recht ein Urtheil der inneren Wahrnehmung *(cogito)* als jeden Zweifel ausschliessend zum Fundament seiner Philosophie gemacht hat.

Immerhin besteht zwischen den Axiomen und den Urtheilen der inneren Wahrnehmung, wenn sie auch beide evident sind, ein bedeutender Unterschied. Die Urtheile der inneren Wahrnehmung sind keine nothwendigen Wahrheiten. Wenn es nämlich auch evident ist, dass ich jetzt ein X vorstelle, so würde es doch keinerlei Widerspruch involviren, wenn ich es nicht vorstellte, für welchen Fall dann die in obigem Urtheil ausgesprochene Wahrheit nicht bestände. Hingegen wird, wenn es sich um ein Axiom handelt, das Urtheil nicht allein mit Evidenz gefällt, sondern auch mit Apodicticität, d. h. es wird geurtheilt, nicht blos, dass Etwas so sei, sondern dass es so sein müsse, und zwar in unserem Falle deshalb, weil das Gegentheil einen Widerspruch involvirt.

Ein apodictisches Urtheil muss nicht nothwendig evident sein. „Es kann keine Antipoden geben" ist ein apodictisches (negatives) Urtheil, welches seinerzeit wohl oft genug gefällt worden ist, aber gewiss nicht mit Evidenz, da es nicht einmal wahr ist. Andererseits sahen wir an den Urtheilen der inneren Wahrnehmung, dass Evidenz auch ohne Apodicticität bestehen kann.

In irgend einer Weise muss nun im logisch berechtigten Schlussacte sowohl das Moment der Evidenz, wie das der

Apodicticität gegeben sein. Das erstere, weil ein einfacher
syllogistischer Schritt, wenn überhaupt eine Gewähr für seine Richtigkeit gegeben ist, diese Gewähr nur in sich selbst tragen kann;
würde er eines Beweises bedürfen, so müsste weiter wieder
nach einer Bürgschaft für die Stringenz dieses letzteren gesucht
werden, und so fort *in infinitum*. Aber auch Apodicticität muss
im berechtigten Schlussacte vorhanden sein; denn es ist ihm
wesentlich, dass die Anerkennung der Prämissen und die
Leugnung der Conclusion einen Widerspruch involvirt.

Zunächst könnte man nun daran denken, der Conclusion
selbst den Charakter der Evidenz und Apodicticität zuzuschreiben.
Doch zeigt sich bald, dass dies gänzlich verfehlt wäre. Das
Urtheil „Caius ist sterblich" ist keineswegs in sich als richtig
erkennbar, wenn es auch mit aller Berechtigung aus den Urtheilen
„alle Menschen sind sterblich" und „Caius ist ein Mensch"
erschlossen wird. Es ist aber auch nicht apodictisch; denn dass
Caius nicht sterblich ist, involvirt keinen Widerspruch. *)

Dagegen könnte vielleicht eingewendet werden, losgelöst
von den Prämissen komme der Conclusion allerdings weder
Evidenz noch Apodicticität zu, trotzdem könne sie aber,
insoferne sie als motivirtes Urtheil auftrete, irgendwie an dem
Charakter der Evidenz und Apodicticität theilhaben. Doch lässt
sich leicht zeigen, dass auch dieser Standpunkt unhaltbar ist.
Denn offenbar müssten auch die Conclusionen von materiell
falschen Schlüssen, sobald dieselben nur formell richtig sind,
jenen Charakter an sich tragen; das hiesse aber nichts Anderes
als evidente Urtheile statuiren, die trotz ihrer Evidenz falsch
sind: eine *contradictio in terminis*.

Ein naheliegender und auf den ersten Anblick sehr
plausibler Ausweg wäre nun der, zu sagen: nicht die Conclusion,
sondern der Zusammenhang zwischen der Conclusion und
den Prämissen ist ein evidenter und apodictischer.

---

*) Täuschen könnte hier folgende Fassung der Conclusion: „Also muss
Caius sterblich sein." Dieses „muss" besagt nur, dass das hypothetische
Urtheil „wenn jene Prämissen gelten, so ist Caius sterblich", nicht aber, dass die
Conclusion für sich ein apodictisches Urtheil sei. — Sind die Prämissen selbst
evidente und apodictische Urtheile, dann wird dies auch von der Conclusion gelten.
Doch ist dies nur ein besonderer Fall und gehört durchaus nicht zum Wesen des
Schlussprocesses.

In dieser Form ausgedrückt ist dies, strenge genommen, ein Absurdum. Evidenz und Apodicticität sind Bestimmungen, die ihrer Natur nach nur einem Urtheil zukommen können; ein Zusammenhang, also eine Relation zwischen Urtheilen kann nicht evident und nicht apodictisch sein. Etwas Wahres liegt dennoch in dieser Ansicht. Wenn auch nicht der Zusammenhang selbst, so kann doch ein Urtheil, welches diesen Zusammenhang herstellt, evident und apodictisch sein. Und so verhält sich's in der That. Nicht zwar *in abstracto* und allgemein, sondern *in concreto* muss das Gesetz des Schlusses in evidenter und apodictischer Weise mitgedacht, d. h., da es ein Urtheil ist, mitgeurtheilt werden, wenn der Schluss die Bürgschaft seiner Richtigkeit in sich tragen soll. Wir sagen, das concrete Gesetz muss im Bewusstsein gegeben sein, und nicht das allgemeine; denn die Forderung nach dem Bewusstsein eines allgemeinen Gesetzes würde zu einem *regressus in infinitum* führen, wie sich leicht zeigen lässt. Offenbar nämlich würde ein weiteres Gesetz nothwendig sein, welches den Zusammenhang zwischen dem allgemeinen Schlussgesetz und dem besonderen Schlusse, der eben gemacht wird, herstellt u. s. f. in's Unendliche. Nicht dasselbe gilt, wenn das concrete Schlussgesetz im Bewusstsein gegenwärtig ist; denn hier ist ein weiteres Urtheil nicht mehr nöthig, welches etwa den besonderen Schlussact einem höheren Gesetze subordinirte.

Ein Beispiel mag zur Erläuterung dienen. „Es gibt Körper, also gibt es etwas Räumliches.“ *) Hier heisst das concrete Schlussgesetz: es kann keine Körper geben, ohne dass es etwas Räumliches gäbe. Dieses gleichzeitig mitgefällte und zum motivirenden Theil des ganzen Processes gehörige Urtheil bildet das concrete Gesetz des obigen Schlusses und bürgt uns vermöge seiner Evidenz und Apodicticität für die logische Berechtigung desselben.

(Es ist kaum nöthig, hinzuzufügen, dass das Gesagte nur für einfache Schlüsse gilt. Das Gesetz eines complicirten Schlusses **) wird nicht unmittelbar einleuchten, sondern einer Rückführung auf unmittelbar einleuchtende bedürfen.)

---

*) Eine wahrhaft unmittelbare Folgerung, wie wir im §. 45 sehen werden.
**) Und hierher geboren, wie wir sehen werden, auch die üblichen kategorischen Modi der Schullogik.

Sache der Convenienz bleibt es natürlich, ob man ein durch ein anderes motivirtes Urtheil auch dann eine Folgerung nennen will, wenn es ein evidentes Schlussgesetz nicht gibt, wie dies bei vielen Paralogismen der Fall zu sein scheint (vergl. oben pag. 5). *)

§. 4. Die Bedingungen, die erfüllt sein müssen, wenn ein gewisses Urtheil ein Schlussact sein soll, sind von Psychologen und Logikern häufig nicht vollständig erkannt worden. Ein Fehler, dem wir wiederholt begegnen, besteht darin, dass man das Motivirtsein mit der blossen causalen Determination verwechselt hat. So begreift es sich, dass manche Naturforscher, wie z. B. Helmholtz, von unbewussten Schlüssen sprechen. Was der letztgenannte Forscher „unbewusste Schlüsse" nennt, ist, genau besehen, nichts Anderes als ein gewohnheitsmässiges Urtheilen. Mit dem wahrhaften Schliessen hat es nur das gemein, dass ein gewisses Urtheil durch ein anderes (beziehungsweise durch die Disposition, die ein anderes Urtheil zurückgelassen hat) erzeugt wird. Dies wird am klarsten dadurch, dass Helmholtz jedes Urtheil der sogenannten äusseren Wahrnehmung als unbewussten Schluss betrachtet. So sind ihm unbewusste Schlüsse alle „psychischen Thätigkeiten, durch welche wir zu dem Urtheile kommen, dass ein bestimmtes Object von bestimmter Beschaffenheit an einem bestimmten Orte ausser uns vorhanden sei". **) Wenn wir uns nämlich irgend einmal überzeugt haben, dass ein gewisses psychisches Phänomen in uns entsteht, sobald sich in der Aussenwelt ein bestimmter Vorgang abspielt, so „schliessen" wir auf diesen letzteren immer, wenn uns das erstere gegeben ist; u. zw. „schliessen" wir „unbewusst", insofern die Prämissen uns gar nicht wirklich gegenwärtig sind. Natürlich kann es auch vorkommen, dass ein

---

*) Sigwart z. B. trennt beide Fälle, indem er überall da, „wo wir zu dem Glauben an die Wahrheit eines Urtheils nicht unmittelbar durch die in ihm verknüpften Subjects- und Prädicatsvorstellungen, sondern durch den Glauben an die Wahrheit eines oder mehrerer Urtheile bestimmt werden" ein „Schliessen im psychologischen Sinne" gegeben findet, während er das Schliessen im logischen Sinne auf diejenigen Fälle einschränkt, in welchen der Schluss durch ein evidentes Gesetz gerechtfertigt ist. Vergl. Logik, 2. Aufl., I. Bd., pag. 423 und „Logische Fragen", Vierteljahrschr. f. w. Ph. 1881, pag. 119 ff.

**) Physiol. Opt. 1. Aufl., pag. 430.

Urtheil, welches unter g e w ö h n l i c h e n Umständen ein anderes veranlasst, dies auch unter abweichenden, aussergewöhnlichen thut, und uns so, wie vorhin, zu einem richtigen, zu einem falschen (immer aber u n b e w u s s t e n) Schlusse führt. In der That hat H e l m h o l t z diesen Umstand zu einem ergiebigen Erklärungsprincip für Täuschungen auf dem Gebiete des Gesichtssinnes gemacht. Ob dies überall mit Glück geschehen ist, oder ob man mit H e r i n g in vielen Fällen wahrhaftige Aenderungen im Empfindungsinhalt annehmen müsse, verschlägt hier nichts; wahr bleibt ja, dass unzählig viele Täuschungen und Irrthümer auf solche Vorgänge zurückzuführen sind, wie sie H e l m h o l t z in der angegebenen Weise zu kennzeichnen versucht. Nur kann dabei von einem S c h l i e s s e n nicht die Rede sein, da das Merkmal der Motivirung, im oben bezeichneten Sinne, fehlt, ja fehlen muss, wenn die Prämissen gar nicht im Bewusstsein sind. H i e r i n liegt das für den Schlussact Wesentliche. Wenn H e l m-h o l t z, einen Unterschied zwischen gewohnheitsmässigen Associationen und eigentlich sogenannten Schlüssen recht wohl erkennend, dennoch auch jenen ersteren Processen den Namen „Schlüsse" gibt wegen der „A e h n l i c h k e i t d e r R e s u l-t a t e", so übersieht er, dass das Charakteristicum des Schluss-actes darin besteht, dass ein Urtheil auf Grund anderer Urtheile, d. h. in bewusster Weise verursacht (= motivirt), gefällt werde. Die „Aehnlichkeit der Resultate" berechtigt zu dem Namen „Schluss" durchaus nicht. Die gewohnheitsmässige Erwartung des Aehnlichen unter ähnlichen Umständen kann Einen zu demselben Urtheil führen, zu welchem ein Anderer durch eine regelrechte, auf die Principien des Wahrscheinlichkeitscalcüls gestützte Induction geführt wird; und doch liegt im einen Falle ein Schlussprocess vor, im andern nicht — die „Aehnlichkeit der Resultate" aber besteht ohne Zweifel.

Ich muss aus ähnlichen Gründen auch Sigmund E x n e r entgegentreten, wenn er eine scharfe Grenze zwischen gewohnheitsmässiger Association, ja blosser Instincthandlung und logisch gerechtfertigtem Schliessen leugnet und Irrthümer, die auf dem Wege der Gewohnheit entstanden sind, als „Denkfehler" bezeichnet; ja zwischen dem Vorgehen einer Bruthenne, die — der Eier beraubt — trotzdem alle zum Brüten nöthigen Vorkehrungen trifft, und den Paralogismen des Eleaten Z e n o eine „continuir-

liche Kette von Denkfehlern" sehen will. *) Wer in der oben
angeführten Weise erkennt, welche Merkmale zu einem Schlussact nothwendig sind, der muss auch erkennen, dass jene Merkmale entweder in ihrer Gänze vorhanden sind oder gänzlich
fehlen. Ein Urtheil ist motivirt oder nicht motivirt: Ueber-
gänge und Zwischenstufen sind ausgeschlossen.

Ein Schluss im weitesten Sinne (d. i. ein durch ein oder
mehrere Urtheile motivirtes Urtheil) ist also weder dort
gegeben, wo ein Urtheil durch (unbewusste) Dispositionen, wenn
diese auch durch frühere Urtheile erzeugt worden sind, hervor-
gerufen wird, noch auch dort, wo die verursachenden Urtheile
zwar im Bewusstsein vorhanden sind, aber nicht als verur-
sachende wahrgenommen werden, mit anderen Worten: wo
keine Motivirung stattfindet.

§. 5. Ist aber auch die Motivirung gegeben, so folgt, wie
wir gesehen haben, noch nicht, dass der Schluss ein logisch
berechtigter ist. Hier sind nämlich wieder mehrere Fälle möglich. Das Gesetz des Schlusses kann fehlen, oder es kann falsch
sein, oder es kann zwar richtig sein, ohne aber als richtig erkannt zu sein, oder schliesslich es kann mit Evidenz erkannt
werden. Nur in diesem letzten Falle trägt der Schluss in sich
die Gewähr für seine Richtigkeit.

Ist ein Schlussact in dieser Weise einsichtig, dann erst
spricht man im engeren Sinne von einem Syllogismus.

Von der Mehrheit der Bedingungen nun, die erfüllt sein
müssen, wenn es zu einem Syllogismus kommen soll, gehört
ein Theil nicht in den Interessenkreis der Logik, indem er nur
Gegenstand psychologischer, beziehungsweise psychophysischer
Untersuchung sein kann. Man bedenke vor Allem Folgendes:
wenn zwei Menschen Urtheile fällen, die einander in allen
Stücken (bis auf die Individualisirung natürlich) gleich sind, so
kommt es, wie die Erfahrung vielfach zeigt, vor, dass diese
Urtheile für den Einen ein Motiv zu einem weiteren Urtheil
werden, während sich für den Anderen aus ihnen nichts ergibt, so dass sie für diesen weder Ursache noch Motiv zu

*) „Ueber allgemeine Denkfehler." Vortrag, gehalten in der 61. Versammlung
deutscher Naturforscher und Aerzte zu Cöln am 22. September 1888. Veröffentlicht
in der „Deutschen Rundschau", Jahrg. 1889, 4. Heft, pag. 54 ff.

einem weiteren Urtheil werden. Dies weist darauf hin, dass ausser der besonderen Beschaffenheit der vorhandenen Urtheile noch andere Bedingungen gegeben sein müssen, die nicht den augenblicklichen Bewusstseinszustand, sondern psychische und physiologische Dispositionen betreffen. Die Erforschung dieser Bedingungen gehört in das Gebiet der genetischen oder physiologischen Psychologie. Wenn dieselben aber auch vorhanden sind und in Folge dessen ein motivirtes Urtheil zu Stande kommt, so folgt daraus, wie wir gesehen haben, noch nicht, dass dieses motivirte Urtheil mit Evidenz, d. h. nach einem evidenten Gesetze, sich ergebe; noch weniger, dass ein solches evidentes Gesetz auch wirklich im Bewusstsein vorhanden sein müsse. Ob dies der Fall ist, hängt wohl zum Theile auch von (unbewussten) Dispositionen ab, zum andern Theil aber sicher von den Besonderheiten des motivirenden und des motivirten Urtheils. Dies wird aus folgender Ueberlegung klar. Das Gesetz eines Schlusses, sagten wir, müsse ein evidentes und apodictisches Urtheil sein. Damit nun überhaupt ein Urtheil jene beiden Eigenschaften besitze, ist einmal erforderlich, dass seine Materie so geartet sei, dass ihre Leugnung — falls es sich um ein affirmatives — oder ihrer Anerkennung — falls es sich um ein negatives Urtheil handelt — einen Widerspruch involvirt; dann aber sind psychische Dispositionen erforderlich, welche, selbst wenn die Materie der vorigen Bedingung Genüge leistet, das Auftreten eines evidenten Urtheils erst ermöglichen. Die Erforschung dieser Dispositionen ist Sache der genetischen Psychologie und als solche heute (vielleicht aber auch in alle Zukunft) nicht in exacter Weise durchzuführen. Die erstere Untersuchung, d. i. die nach der Beschaffenheit der Materie, welche ein evidentes Urtheil möglich macht, ist eine eminent logische und durch die blosse Analyse der Materie durchführbar. So lässt sich z. B. sagen, dass, wenn ein kategorisches Urtheil von negativer Qualität mit Evidenz und Apodicticität gefällt werden soll, die Materie nothwendig contradictorische Bestimmungen enthalten müsse. Freilich müssen noch dispositionelle Bedingungen erfüllt sein, damit ein solches Urtheil wirklich entstehe. Dieselben lassen sich jedoch nicht namhaft machen, während die in der Besonderheit der Materie gelegenen Bedingungen genau präcisirt werden können.

Aehnliches gilt nun für jenes Urtheil, welches das Gesetz eines Schlusses darstellt. Dasselbe kann offenbar nur evident und apodictisch sein, wenn Prämissen und Conclusion in bestimmten, durch die Besonderheit von Materie und Qualität bedingten, Beziehungen zu einander stehen.

§. 6. Eine Theorie der Syllogismen hat nun zu untersuchen, welche Eigenschaften das motivirende (beziehungsweise die motivirenden Urtheile) und das motivirte Urtheil haben muss, damit das dem Schlusse zu Grunde liegende Gesetz evident und apodictisch sein könne.

Hierzu ist vor Allem eine richtige Beschreibung der Urtheile nach ihren wesentlichen Merkmalen und eine darauf basirte Classification derselben erforderlich. Denn natürlich, sobald man sich im einzelnen Falle nicht darüber klar ist, welches die wahre Materie und welches die wahre Qualität der in Frage kommenden Urtheile sei, ist eine richtige Entscheidung, ob das Gesetz des Schlusses evident sei oder nicht, gar nicht zu erwarten. Wir werden in der Folge wiederholt Gelegenheit haben, zu sehen, wie Meinungsverschiedenheiten über die Frage, ob aus einem gegebenen Urtheile (oder deren mehreren) ein anderes folge, lediglich auf die verschiedenen Ansichten über die Bedeutung dieser Urtheile zurückzuführen sind. Hier genüge ein Beispiel. Die unmittelbare Folgerung *ad subalternatam* wird nahezu von sämmtlichen Logikern als giltig bezeichnet: „was von Allen gilt, gilt auch von Einigen" ist ein Satz, der unmittelbar evident scheint. In neuerer Zeit hat Brentano*) den Subalternationsschluss für ungiltig erklärt; aus a dürfe nicht i, aus e nicht o geschlossen werden. Hier könnte dem oberflächlich Urtheilenden ein Fall vorzuliegen scheinen, in welchem der unmittelbaren Evidenz des Einen eine ebenso für evident gehaltene Leugnung des Anderen gegenübersteht. Doch ist nichts weniger der Fall als dieses. In dem sogenannten universell bejahenden Urtheil „alle S sind P" (wenn es wahrhaft einfach ist) sieht Brentano nichts anderes als die Leugnung der Materie „Nicht P seiendes S", woraus die Anerkennung eines P seienden S natürlich nicht gefolgert werden kann, da ja das erstere Urtheil auch dann wahr ist, wenn es kein S gibt. Nahezu alle andern

---

*) Psychologie vom emp. Standpunkte. I, pag. 305.

Logiker*), von Aristoteles angefangen, glauben in dem universell bejahenden Urtheil die Existenz der Subjectsmaterie mitbehauptet: und wenn sie hierin im Rechte sind, so kann das Urtheil i aus a allerdings mit unmittelbarer Evidenz erschlossen werden.

Wir werden daher unsere Erörterungen mit einer Untersuchung über das wahre Wesen des Urtheils beginnen lassen.

§ 7. Hierauf werden wir zu zeigen haben, welches jene evidenten Gesetze sind, denen sich jeder richtige Schluss unterordnen muss. Auf diese Weise werden wir aber nur zu einer Uebersicht derjenigen Schlüsse gelangen, deren Gesetze unmittelbar evident sind.

Dies deutet bereits auf die dritte Aufgabe hin, die Aufgabe nämlich, darzulegen, wie Gesetze von Schlüssen, die nicht unmittelbar einleuchten, auf unmittelbar einleuchtende zurückzuführen sind. Wir werden so deductiv zu einer vollständigen Uebersicht über die giltigen kategorischen Modi gelangen. Denn es leuchtet, wie wir hier vorgreifend bemerken dürfen, keiner der kategorischen Modi der Schullogik unmittelbar ein; ihre Gesetze müssen erst durch Deduction aus einfacheren und unmittelbar evidenten Schlüssen gewonnen werden.

§. 8. Anmerkung. Es wurde oben angedeutet, dass bei Schlüssen, die eine weitere Rückführung nicht zulassen, ein Streit über die Giltigkeit nur auf einer Verschiedenheit in der Analyse der Urtheile beruhen könne. Ist das Gesetz eines solchen Schlusses evident (was ja sein muss, wenn der Schluss richtig ist), dann ist natürlich die Frage nach einem weiteren Grunde für seine Richtigkeit sinnlos, und ebenso jeder Versuch sie durch Beweise zu stützen; ein schlechthin einfacher syllogistischer Schritt muss seine Rechtfertigung natürlich in sich tragen, wie denn nirgendwo das Beweisen in's Unendliche gehen kann.

Das ist freilich möglich, dass Jemandem für ein Gesetz, welches seiner Bedeutung nach evident sein könnte, die Evidenz fehlt. Dieser Mangel betrifft aber dann nicht das Gesetz, sondern die Erkenntnisskraft (also die psychischen Dispositionen) des Betreffenden und kann keinen berechtigten Anlass zur Meinungsverschiedenheit geben; ist es doch auch kein Beweis gegen die Richtigkeit eines, geometrischen Lehrsatzes, dass der Ungebildete seine Deduction nicht versteht.

Auch der Fall ist möglich und kommt thatsächlich vor, dass Einer eine evidente Wahrheit nicht nur nicht mit Evidenz erkennt, sondern sie sogar leugnet.

*) Auszunehmen sind hier — wie wir später sehen werden — De Morgan, Herbart, Trendelenburg und Lange. Doch hat keiner der Genannten hieraus eine Consequenz für den Subalternationsschluss gezogen.

Die Geschichte der Philosophie bietet auch hierfür Beispiele. H e g e l hat den Satz des Widerspruches geleugnet, T r e n d e l e n b u r g seine Geltung eingeschränkt (was übrigens seine vollständige Leugnung involvirt).

Dies scheint die bedenklichsten erkenntnisstheoretischen Consequenzen nach sich zu ziehen, u. zw. gerade für die Theorie der Syllogismen. Wenn die Gewähr für die Richtigkeit eines Syllogismus in der unmittelbaren Evidenz seines Gesetzes liegt — und wir selbst in Bezug auf unmittelbare Evidenz nicht vor Täuschungen sicher sind, so scheint es fraglich, ob wir überhaupt je eine unzweifelhafte Garantie für die Richtigkeit eines Schlusses besitzen. Denn wo es sich um unmittelbar Ein-leuchtendes handelt, kann nach weiteren K r i t e r i e n unmöglich gefragt werden. Wir scheinen auf diese Weise hart an den Rand des absoluten Skepticismus zu gerathen.

Doch nur scheinbar. Wenn gesagt wird: wir täuschen uns auch in Sachen der Evidenz, so ist dies eine vage und missverständliche Ausdrucksweise. Vor Allem haben wir uns mit denjenigen Fällen nicht weiter zu befassen, in welchen uns für Wahrheiten, die ihrer Natur nach mit Evidenz erkannt werden könnten, diese Evidenz f e h l t. Denn hieraus folgt nur, dass die Sphäre unseres Erkennens beschränkter ist, als sie es der Natur des Erkennbaren nach sein könnte: blosser Mangel an Wahrheit, nicht aber positive Irrthümer resultiren daraus.

Mehr Gefahr droht von Seite derjenigen Fälle, in welchen Nicht-Evidentes, ja geradezu Falsches für evident gehalten wird. Hier hilft es nichts, zu sagen: jene Evidenz ist nur eine vermeintliche, in Wirklichkeit ist sie gar nicht gegeben; denn sofort wird sich die Frage ergeben: woraus erkenne ich, dass ein Urtheil in Wahrheit, und nicht blos vermeintlich evident ist? Wir betonten aber schon vorhin, dass es Kriterien der Evidenz nicht geben könne, und somit bleibt die obige Frage ohne Antwort.

Die Schwierigkeit löst sich durch die Scheidung zwischen u n m i t t e l b a r e r und m i t t e l b a r e r (d. h. auf unmittelbarer beruhenden) Evidenz.

1. Wird Etwas fälschlich für unmittelbar evident gehalten (d. h. glaubt man seine Wahrheit auf etwas unmittelbar Evidentes zurückführen zu können), so kann durch Aufzeigung des Sprunges in der Beweiskette der Fehler aufgedeckt und unschädlich gemacht werden. Es ist hierbei gleichgiltig, ob das Gegentheil des für mittelbar evident Gehaltenen selbst nur mittelbar, oder ob es unmittelbar evident ist. Das Letztere gilt vom Falle H e g e l. Die Leugnung des Satzes vom Wider-spruch schien weder H e g e l noch sonst Jemandem unmittelbar evident, sonst würde man es wohl nicht für nöthig befunden haben, B e w e i s e dafür zu erbringen. Von hier aus droht also der Möglichkeit einer Erkenntniss nicht die geringste Gefahr.

2. Wird Etwas (fälschlich) für unmittelbar evident gehalten, während das Gegentheil mittelbar evident ist, also b e w i e s e n werden kann, so wird man zwar nicht, wie im früheren Falle dem I r r e n d e n einen Mangel im Beweise aufzeigen können, da dieser eben — sich im Besitze der u n m i t t e l b a r e n Evidenz wähnend — auf das Beweisen verzichtet; aber man wird seinerseits den Beweis des mittelbar evidenten Gegentheiles antreten können und so den Gegner (oder sich selbst, falls man daran geht, die eigene Ueberzeugung zu prüfen) zur Ueberzeugung bringen, dass die unmittelbare Evidenz nur eine vermeintliche war. Es ist also auch hier nicht zu befürchten, dass der Irrthum auf keine Weise aufgedeckt und ausgeschlossen werden könne.

3. Der letzte mögliche Fall aber, dass nämlich Etwas für unmittelbar evident gehalten wird, dessen Gegentheil unmittelbar evident ist, ist nie verwirklicht worden und scheint mit der Natur der menschlichen Urtheilskraft unvereinbar. Man wird die Geschichte der Philosophie, die an Reichthum und Vielfältigkeit skeptischer Aufstellungen jedes andere Wissensgebiet übertrifft, vergebens durchmustern: einen Fall von vermeintlicher unmittelbarer Evidenz eines Satzes, dessen Gegentheil unmittelbar evident ist, wird man nirgends antreffen. — Wäre dies für ein psychisches Wesen, das im Besitze des Begriffes der Evidenz ist, überhaupt möglich, dann allerdings vermöchte ich nirgendwo einen schützenden Damm gegen den absoluten Skepticismus zu erblicken. Denn auch die Fälle 1 und 2 recurriren in letzter Linie auf die Unmöglichkeit einer vermeintlichen unmittelbaren Evidenz dort, wo das Gegentheil unmittelbar evident ist.

II. CAPITEL.

Von der Natur des Urtheils.

§. 9. Die Definition des Urtheils als einer Beziehung von Vorstellungen — genauer Vorstellungsinhalten —, wie sie z. B. noch Wolff gibt, ist in der modernen Logik längst nicht mehr als genügend betrachtet worden. Zunächst fiel es auf, dass man Inhalte beliebig miteinander verbinden könne, ohne über die Existenz des so Verbundenen irgend etwas auszusagen, wie ich wohl die Elemente Gold und Berg zu der Vorstellung „goldener Berg" verbinden kann, ohne deswegen an die Existenz eines goldenen Berges zu glauben (J. St. Mill).

Weiter war klar, dass die Verbindung zweier Inhalte ganz in derselben Weise vor sich gehen müsse, ob man die Existenz des Ganzen anerkenne, oder ob man sie leugne; da nun offenbar in beiden Fällen sehr verschiedene Urtheile gegeben sind, so konnte das Moment des Urtheils nicht in jenem Beziehen gelegen sein, das ja beiderseits in gleicher Weise gegeben ist.*)

Eine andere Ueberlegung hatte Lotze dahin geführt, die alte Definition des Urtheils für unzureichend zu halten. Bedenkt man, meint Lotze, vom particulären Urtheil sprechend, dass P nicht von S im Allgemeinen ausgesagt werden kann, sondern nur von jenem S, welches eben P ist, so stellt sich jedes Urtheil als ein Fall des Identitätsurtheiles $SP = SP$ dar. Da

---

*) Vergl. J. St. Mill, Syst. d. ded. u. ind. Logik. Buch I, Cap. V, §. I.

nun aber ein solcher Identitätssatz unsere Erkenntniss in keiner Weise erweitere, das Urtheil „S ist P" hingegen unsere Erkenntniss bereichere, so müsse man annehmen, dass derartige Urtheile „gar kein wechselseitiges Verhältniss zwischen den einzelnen Bestandtheilen ihres Inhalts" behaupten, „sondern nur noch von dem zusammengefassten Ganzen ihres Inhaltes eine mehr oder minder ausgedehnte Geltung in der Wirklichkeit" *), ganz in derselben Weise, wie dies beim Existentialsatz der Fall sei. Ein weiteres Argument gegen die herkömmliche Lehre führt Wundt in's Feld. Wenn die Verbindung zweier Vorstellungen ein Urtheil wäre, so sei nicht abzusehen, warum nicht die Verbindung von mehr als zwei Vorstellungen auch mehr als Ein Urtheil constituiren sollte. Dies sei aber augenscheinlich nicht immer der Fall, eine grosse Menge von Vorstellungen könne zusammentreten, ohne dass mehr als Ein Urtheil zu Stande kommt. Also könne das Urtheil nicht als blosse Verbindung zweier Vorstellungen definirt werden.**)

§. 10. Durch diese und ähnliche Argumente veranlasst, haben moderne Logiker die alte Definition zu berichtigen gesucht. Das Moment der Vorstellungsverbindung wurde zwar, da man die Zweigliedrigkeit als nothwendige Eigenschaft des Urtheils betrachtete, immer noch als wesentlich festgehalten; man glaubte jedoch nach dem Vorgange Lotze's in dem Moment der objectiven Giltigkeit die richtige Ergänzung gefunden zu haben. So definirt Ueberweg das Urtheil als „das Bewusstsein über die objective Giltigkeit einer subjectiven Verbindung von Vorstellungen . . . d. h. das Bewusstsein, ob zwischen den entsprechenden objectiven Elementen die analoge Verbindung bestehe". „Einzelne Begriffe", sagt Ueberweg, „sind niemals Urtheile, auch Relationsbegriffe nicht; auch nicht blosse Begriffscombinationen; erst die hinzutretende Ueberzeugung von dem Stattfinden oder Nichtstattfinden des Gedachten bildet das Urtheil." ***)

---

*) Lotze, Logik, pag. 83. Was hier Lotze vom particulären Urtheil behauptet, muss offenbar auch vom universellen gelten, „weil das allgemeine Urtheil . . . . aus der Summirung der besonderen und particulären soll entstehen können, mithin diesen völlig gleichartig sein muss".

**) Wundt, Logik. Stuttgart 1880, I. Bd., pag. 137.

***) System der Logik. 5. Aufl., pag. 189.

In ähnlicher Weise sagt S i g w a r t : „Mit der In—Einssetzung verschiedener Vorstellungen ist das Wesen des Urtheils
noch nicht erschöpft; es liegt zugleich in jedem vollendeten
Urtheil als solchem das B e w u s s t s e i n d e r o b j e c t i v e n
G ü l t i g k e i t d i e s e r I n — E i n s s e t z u n g .‟ Und bald darauf:
„Alle die Definitionen des Urtheils, welche dasselbe auf die
bloss s u b j e c t i v e V e r k n ü p f u n g v o n V o r s t e l l u n g e n
o d e r B e g r i f f e n beschränken, übersehen, dass der Sinn einer
Behauptung niemals ist, bloss dieses subjective Factum zu constatiren, dass i c h im Augenblick diese Verknüpfung vollziehe,
vielmehr macht das Urtheil durch seine Form Anspruch darauf,
dass diese Verknüpfung die Sache betreffe, und dass sie eben
darum von jedem anderen anerkannt werde. Dadurch scheidet
sich das Urtheil von den bloss subjectiven Combinationen geistreicher und witziger Vergleichung, welche die äussere Form
des Satzes annehmen, ohne im Sinne des Urtheils eine objectiv
gültige Behauptung aufstellen zu wollen; und ebenso von den
blossen Vermuthungen, Meinungen, Wahrscheinlichkeiten.‟ *)

§. 11. Zur Vorstellungsverbindung oder   — wie S i g-
w a r t sagt — zur In—Einssetzung der Vorstellungen muss also,
wenn es zu einem Urtheil kommen soll, noch das B e w u s s t-
s e i n d e r o b j e c t i v e n G i l t i g k e i t hinzutreten. Lassen wir
zunächst unberücksichtigt, dass die objective Giltigkeit selbst von
S i g w a r t anders als von U e b e r w e g definirt wird (nämlich
nicht als „Uebereinstimmung der Vorstellungsverbindung mit einer
objectiven Verbindung“), so wird doch von Beiden ein B e-
w u s s t s e i n dieser objectiven Giltigkeit gefordert. Wir werden
also vorerst fragen, was unter jenem „Bewusstsein‟ gemeint
sei? Ein psychischer Act offenbar. Ist dieser Act ein Vorstellen oder ein Urtheil? Ohne Zweifel das Letztere: nur die
E r k e n n t n i s s (also ein U r t h e i l), dass eine subjectiv voll-
zogene Combination objectiv giltig sei, kann die Vorstellungsverbindung zum Urtheil ergänzen. Wenden wir auf jenes Urtheil
über die objective Giltigkeit nun wieder jene Definition an, die
nach U e b e r w e g und S i g w a r t für jedes Urtheil zutreffen
soll, so bleibt nichts übrig als zur Verbindung der Vorstellungs-
combination (SP) mit dem Begriffe „objectiv giltig‟ (X) noch

ein weiteres Bewusstsein von objectiver Giltigkeit hinzuzunehmen und so fort in's Unendliche. Was wir meinen, lässt sich in folgender Weise recht deutlich machen. Die blosse Verbindung von S mit P gibt noch kein Urtheil, wie Sigwart ganz richtig lehrt; es muss erst erkannt (also geurtheilt) werden „S P ist objectiv giltig". Dieser letztere psychische Act darf, wenn er in Wahrheit ein Urtheil sein soll, nicht eine blosse Vorstellungsverbindung sein, mithin nicht etwa eine Combination der Elemente S, P und X (wo X „objectiv giltig" bedeutet)*): offenbar muss also wieder die Ueberzeugung (i. e. ein Urtheil) von der objectiven Giltigkeit der Begriffsverbindung S P X als ergänzendes Moment hinzutreten. Es ist aber klar, dass auch diese Ueberzeugung nicht die blosse Verbindung von S, P, X und Y sein kann, dass vielmehr wieder ein weiteres Urtheil dazukommen muss. Soll nun ein *regressus in infinitum* vermieden werden, so müsste nothwendig an irgend einem Punkt ein psy-chischer Act angenommen werden, der sich nicht wieder in der von Sigwart angedeuteten Weise auflösen lässt. Dann sieht man aber nicht ein, warum ein derartig primitiver Ur-theilsact nicht gleich für die Materie S P selbst statuirt wird?

Indess stehen den Ansichten Ueberweg's und Sig-wart's noch andere Bedenken entgegen. Haben wir schon ge-sehen, dass der Begriff des Bewusstseins der objectiven Giltigkeit zu unlösbaren Schwierigkeiten führt, so ist dies in Betreff der objectiven Giltigkeit selbst in eben so hohem Masse der Fall. Wir müssen hier die Ansichten der beiden Forscher getrennt behandeln, da sie unter „objectiver Giltigkeit" nicht das Nämliche verstehen.

Für Ueberweg, der dieselbe in einer Uebereinstimmung der objectiven Verbindung mit der Vorstellungsverbindung sieht, ist jedenfalls der Begriff der Existenz in ihr enthalten. Von der Provenienz dieses Begriffes aber vermag Ueberweg's Theorie keine Rechenschaft zu geben. In der sogenannten äusseren Wahrnehmung ist er ohne Zweifel nicht enthalten. Die Vorstellungen der äusseren Wahrnehmung bieten uns Qualitäten, Intensitätsgrade, locale Bestimmungen, aber keine Existenz. Es

---

*) Dies würde ja nichts Anderes ergeben als die Vorstellung „objectiv giltiges S P", die ich offenbar auch bilden kann, wenn ich überzeugt bin, dass S P nicht existirt.

ist absurd, zu behaupten, eine Farbe setze sich aus ihrer Qualität und ihrer Existenz zusammen u. dergl.

Betreffs der inneren Wahrnehmung kann der Existenzbegriff auch nicht aus dem Vorstellen gewonnen werden; es ist ja klar, dass man nicht sagen kann, existirend sei dasjenige, was vorgestellt werde, da man doch auch dasjenige, dessen Existenz man leugnet, gerade um sie zu leugnen, vorstellen muss. Desgleichen kann der Existenzbegriff auch nicht aus Gefühlen, Wünschen, Strebungen hergeleitet werden. Es bleibt also von den psychischen Phänomenen nur noch das Urtheil übrig, aus dem er etwa könnte genommen werden.*) Der Theorie Ueberweg's zufolge wird aber der Existenzbegriff — insofern er im Begriffe der objectiven Giltigkeit enthalten ist — bereits vorausgesetzt, damit ein Urtheil zu Stande komme; sie muss sohin auf eine Erklärung der Provenienz dieses Begriffes verzichten.**)

Anders bestimmt S i g w a r t den Begriff der objectiven Giltig-keit. Nach ihm beruht dieselbe „nicht unmittelbar etwa darauf, dass die subjective Verknüpfung den Verhältnissen des entsprechenden Seienden entspricht, sondern a u f d e r N o t h w e n d i g k e i t d e r In-Einssetzung" (sc. der Vorstellungen, die Subject und Prädicat bilden)***), sei es nun, dass diese Nothwendigkeit eine „sinnlich gegebene" ist (wie in dem Urtheile „hier steht der Buchstabe A"), sei es, dass dieselbe in dem Verhältniss der Begriffe zu einander begründet ist (wie in dem Urtheile „ein schlechterdings untheilbares Atom kann keine Ausdehnung haben").

„Die objective Gültigkeit reducirt sich also darauf, dass sowohl der Process der Bildung der Anschauung als der Urtheils-act auf allgemeingültige Weise vollzogen sind", sagt S i g w a r t,

---

*) Dass sich dies in Wahrheit so verhalte, hat M a r t y in einem seiner Artikel „Ueber subjectlose Sätze und das Verhältniss der Grammatik zur Logik und Psychologie" in überzeugender Weise dargethan. Vergl. Vierteljahrsschr. für wissensch. Philosophie. 1884. pag. 171 ff. und ähnlich B r e n t a n o, „Vom Ursprung sittlicher Erkenntniss", pag. 76.

**) Ueber die Analysen, die S i g w a r t vom Begriffe der Existenz gibt, vergl. B r e n t a n o's treffende Kritik in der Schrift „Vom Ursprung sittlicher Erkenntniss", pag. 61 ff.

***) Logik. 2. Aufl., I. Bd., pag. 98, und „Die Impersonalien", pag. 59 ff.

wo er von den „einfachsten, den blossen Benennungsurtheilen"
spricht, wie etwa „dies ist Schnee".*)

Sigwart's Gedanke möchte vielleicht, in dieser abstracten
Weise dargestellt, nicht ganz leicht zu fassen sein; ich will
darum jene beiden, schon oben angedeuteten Beispiele mit seinen
eigenen Worten hier wiedergeben. „Sage ich: Hier steht der
Buchstabe A, so zwingt mich die Wahrnehmung, dieses Urtheil
für gültig zu halten, seine Wahrheit beruht auf der sinnlich gegebenen Nothwendigkeit, an dieser Stelle des Raumes diesen
Buchstaben zu setzen; sage ich: ein schlechterdings untheilbares Atom kann keine Ausdehnung haben, so zwingt mich das
Verhältniss der Begriffe Ausdehnung und Theilbarkeit zu dem
Satze, der gilt, ob ich an die Wirklichkeit solcher Atome glaube
oder nicht."**)

In dieser Weise bestimmt Sigwart den Begriff der objectiven Giltigkeit. Betrachten wir die obigen Beispiele, so wird es
unschwer zu erweisen sein, dass auch dieser Weg, die Vorstellungsverbindung zum Urtheil zu ergänzen, unzureichend ist.
Zugegeben nämlich, dass mich im ersten Falle die Wahrnehmung
(wohl besser Empfindung!) zu dem Urtheile „hier steht der
Buchstabe A" zwingt; und zugegeben, dass mich im zweiten
Falle das Verhältniss der Begriffe Ausdehnung und Theilbarkeit
zu dem Urtheile „ein schlechterdings untheilbares Atom etc."
nöthigt, so ist doch diese Nöthigung, dieser Zwang nicht selbst
das Urtheil, sondern nur etwa die Ursache desselben. Sollte es
lediglich auf eine determinirende Ursache ankommen, so würde
schon wegen der Allgemeingiltigkeit des Causalitätsgesetzes jede
Vorstellungsverbindung, also auch jene „subjectiven Combinationen geistreicher und witziger Vergleichung" in Wahrheit
Urtheile sein müssen. Zwang, Nöthigung wird aber hier wohl
mehr heissen sollen, nämlich die (erkannte) Unmöglichkeit, eine
Vorstellung oder Vorstellungsverbindung unter gewissen Umständen los zu werden. Doch wäre dies nur ein bestimmter
Fall von ursächlicher Determination und wir müssten das früher
Gesagte wiederholen: Dieser Zwang constituirt kein (phäno-
menales) Merkmal des Urtheilsactes, sondern nur etwa eine

---

*) Logik, pag. 101.
**) Vergl. „Die Impersonalien", pag. 60.

Besonderheit seiner U r s a c h e. (Ich will ganz davon absehen, dass eine e r k a n n t e Nöthigung doch bereits eine Erkenntniss, also ein Urtheil voraussetzt.) Und wenn S i g w a r t wiederholt versichert, bei den „einfachsten und unmittelbaren Urtheilen", wie den Wahrnehmungsurtheilen, könnten die entsprechenden Vorstellungen „gar nicht in Beziehung gesetzt werden, ohne dass sich zugleich das Bewusstsein der Nothwendigkeit und Gültigkeit (sind dies nun wieder verschiedene Dinge?) ihrer Zusammengehörigkeit einstellt" *), dass Beides sozusagen „mit einem Schlage gegeben" sei, so kann ich hierin nur den Beweis erblicken, dass gewisse Vorstellungen (z. B. die der sogenannten äusseren Wahrnehmung) mit unveränderlicher Regelmässigkeit ein auf ihre Inhalte bezügliches affirmatives Urtheil in uns v e r u r s a c h e n, dass dieses letztere, also ohne jede Reflexion, in Folge eines instinctiven Dranges gebildet werde **); nicht aber, „dass das Bewusstsein der Gültigkeit von dem Gedanken der Prädication gar nicht getrennt werden kann", sofern man hier unter Trennung keine bloss z e i t l i c h e, sondern eine b e g r i f f l i c h e versteht (welches letztere der Gedanke S i g w a r t's sein muss, da er doch die objective Giltigkeit als Nothwendigkeit der In-Einssetzung erklärt, also Beides für dem Begriffe nach identisch hält).

Das Bewusstsein der objectiven Giltigkeit, mag man diese letztere nun im Sinne U e b e r w e g's oder S i g w a r t's deuten, kann also nicht dasjenige sein, was in Wahrheit die Vorstellung oder Vorstellungsverbindung zum Urtheil ergänzt, wenn auch beide Forscher darin im Rechte sind, dass sie eine Ergänzung überhaupt verlangen.

§. 12. Eine andere weit verbreitete Theorie, der zu Folge das Urtheil in einer Subsumption von Begriffen bestehe (B e n e k e, T w e s t e n, U l r i c i), erledigt sich in gewissem Sinne bereits durch die früheren Argumente. Wenn nämlich unter jener Subsumption ein Urtheil über das Verhältniss von Begriffsumfängen verstanden wird, so ist damit offenbar die Frage über das Wesen des Urtheils nicht beantwortet. Die blosse Verbindung der Vorstellungen „Umfang von S" mit „Enthalten im

---

*) Impersonalien, pag. 60.

**) Nur in diesem Sinne hat S i g w a r t Recht, wenn er sagt: „Ich kann ja nicht fragen, ob Kohle schwarz oder Schnee weiss, ob dieser Tisch eckig, oder jene Kugel rund ist." Ibid.

Umfange von P⁼ liefert kein Urtheil, da ja — wie z. B. auch
S i g w a r t bemerkt — das Moment der Vorstellungsverbindung
das Wesen des Urtheils nicht erschöpft. Wird die Urtheilsfunction in r i c h t i g e r Weise (es bleibe zunächst dahingestellt,
in welcher ?) beschrieben, dann könnte von vornherein die Ansicht
berechtigt sein, dass der Gegenstand des Urtheils immer ein
Verhältniss von Begriffsumfängen ist; die Subsumptionstheorie
würde aber dann keine Theorie der Urtheils f u n c t i o n sein,
sondern bloss die M a t e r i e der Urtheile betreffen. In diesem
letzteren Sinne werden wir später die Lehre von der Subsumption eingehender zu untersuchen haben*); hier kommt sie
weiter nicht in Frage.

§. 13. Von anderen Versuchen, die Definition des Urtheils
als Vorstellungsverbindung zu ergänzen, ist noch der von
J. St. M i l l und der mit diesem völlig übereinstimmende von
A. B a i n erwähnenswerth. M i l l hebt hervor, dass im Urtheil
zur Begriffsverbindung noch ein Act des Glaubens (*„belief"*)
hinzutreten müsse**) und in Uebereinstimmung damit erklärt
B a i n : „. . . *apart from all belief, the proposition has no meaning,
no existence*".***) Indess bleibt es bei M i l l wie bei B a i n ganz
im Dunkeln, was unter jenem „*belief*" zu verstehen sei. Dass
es ein vom Vorstellen verschiedener, primitiver psychischer
Act sei, findet sich bei keinem von Beiden klar ausgesprochen;
ja in der Folge finden wir keine einzige Consequenz, die aus
einer derartigen Anschauung zu ziehen wäre (was namentlich
von der Theorie der Existentialsätze gilt); und so verdient denn
ihr Standpunkt zwar als ein werthvolles Zeugniss für die Unhaltbarkeit der alten Urtheilstheorie Beachtung; von einem
Ersatze derselben durch eine positive Analyse des Urtheilsphänomenes kann hingegen nicht die Rede sein.

Aehnliches muss auch von H e r b a r t 's Definition des
Urtheils als Entscheidung über die Verknüpfbarkeit gegebener
Begriffe gesagt werden.†) Dass unter jener „Entscheidung"
nicht die Verknüpfung der Begriffe selbst zu verstehen sei, ist
ganz klar. Welcher Gattung psychischer Phänomene sie jedoch

---

*) Vergl. unten §§. 61 und 62.
**) Ded. und ind. Log. Buch I, Cap. V, §. 1.
***) Logic. Part. I, p. 80).
†) Lehrbuch zur Einleitung in die Philosophie, §. 52.

angehöre, darüber lässt uns H e r b a r t im Unklaren. Er dürfte wohl, wie H u m e und M i l l, der Erkenntniss am nächsten gewesen sein, dass das Urtheil ein primitiver psychischer Act sei. Hätte er an eine weitere Analyse geglaubt, so wäre es von einem derart exacten Denker nicht gut anzunehmen, dass er eine solche nicht wenigstens versucht hätte.

Wie immer nun die vorgenannten Forscher in Deutschland und England von der althergebrachten Urtheilstheorie abweichen, das Moment der Vorstellungsverbindung betrachten sie durchwegs als für das Urtheil wesentlich. Erst B r e n t a n o hat darauf hingewiesen, dass dieses Moment nicht nur kein hinreichendes, sondern nicht einmal ein nothwendiges Merkmal des Urtheils constituire. Zu dieser letzteren These leitet ihn die Betrachtung des Existentialsatzes („A ist").

Hier könnte man höchstens geneigt sein, eine Verbindung des Inhaltes A mit dem Begriffe „Existirend" anzunehmen und etwa so die hergebrachte Lehre von der Nothwendigkeit einer Vorstellungs v e r b i n d u n g zu retten. Dagegen macht nun B r e n t a n o vor Allem geltend, dass der Begriff „Existenz" nur durch Reflexion auf einen schon vorhandenen Urtheilsact gewonnen werden könne, während die bekämpfte Lehre ihn bereits als vor jedem Urtheil bestehend voraussetzen müsse, worauf wir schon gelegentlich der Untersuchung des Begriffs der objectiven Giltigkeit hingewiesen haben.*)

Für diejenigen, welche etwa geneigt wären, den Existenzbegriff anderswoher zu leiten (wie dies in neuerer Zeit besonders von S i g w a r t geschehen ist), möchte ich besonders auf ein anderes Argument hinweisen, das — von der Frage über die Provenienz des Existenzbegriffes ganz unabhängig — in seiner Beweiskraft viel unmittelbarer einleuchtet, merkwürdiger Weise aber von gegnerischer Seite so gut wie gar nicht berücksichtigt worden ist.

Jedes affirmative Urtheil affirmirt implicite jeden Theil seiner Materie; das Urtheil „A ist X" kann nicht wahr sein, wenn nicht A ist und X ist, denn dies liegt in ihm eingeschlossen. Wäre nun das Existentialurtheil „Es gibt ein A" so viel wie die Verbindung von A mit dem Begriffe „Existirend" (= X),

*) Psychologie vom emp. Standpunkte. I. Bd., png. 279, ebenso M a r t y, a.a.O.

so müsste offenbar jener obigen Regel zu Folge sowohl A wie auch X affirmirt (anerkannt) werden. Wozu soll aber noch die Verbindung mit X (= existirend) gut sein, wenn A schon ohne dieselbe anerkannt wird? Wir kommen also, so schliesst Brentano daraus, „an der Annahme einer einschliesslichen einfachen Anerkennung von A nicht vorbei". „Aber wodurch," fährt er fort, „würde sich diese einfache Anerkennung von A von der Anerkennung der Verbindung von A mit dem Merkmale „Existenz", welche in dem Satze „A ist" ausgesprochen sein soll, unterscheiden? Offenbar in gar keiner Weise. Somit sehen wir, dass vielmehr die Anerkennung von A der wahre und volle Sinn des Satzes, also nichts anderes als A Gegenstand des Urtheils ist."*)

In ähnlicher Weise lässt sich auch vom negativen Existentialsatz „A ist nicht" zeigen, dass er nicht als Leugnung der Verbindung von A mit dem Merkmale „Existenz" (= X) gefasst werden kann. Man bedenke nur, dass die Leugnung eines Complexes die Leugnung seiner Theile keineswegs involvirt; wer die Materie S P leugnet, hat damit durchaus nicht behauptet, dass es kein S und kein P gebe. Wird demnach der Existentialsatz „A ist nicht" als Leugnung der Verbindung von A mit dem Begriff „Existenz" (= X) aufgefasst, so müsste hierin consequent weder die Leugnung von A, noch die von X involvirt sein. Daraus folgte aber, dass derjenige, welcher das Urtheil „A ist nicht" fällt, damit noch nicht A geleugnet habe, was doch eine offenbare Absurdität ist.**)

Demnach ist — auch abgesehen von der Analyse des Existenzbegriffes — einleuchtend, dass der Existentialsatz nicht als eine Verbindung (resp. Trennung) eines Vorstellungsinhaltes mit (resp. von) dem Merkmal „existirend" angesehen werden kann.

§. 15. Die Ergebnisse unserer bisherigen Untersuchung sind also die folgenden:

1. Das Urtheil ist keine blosse Verbindung von Vorstellungsinhalten.

2. Die Ergänzung, die diese letztere Analyse dadurch erhalten hat, dass man das Bewusstsein der objectiven Giltigkeit mit hineinzog, erweist sich in doppelter Beziehung als unhaltbar.

---

*) Ibid. pag. 276 f.
**) Auch dieses Argumentes hat sich bereits Brentano bedient (vergl. Psych. I. Bd., pag. 277).

3. Das Moment der Vorstellungs v e r b i n d u n g ist nicht nur kein hinreichendes, sondern nicht einmal ein nothwendiges Merkmal des Urtheilsphänomenes.

§. 16. Das Resultat ist bis hierher ein rein negatives. Wir sahen uns genöthigt, drei Thesen zu verwerfen, von denen wenigstens Eine in jeder der bisher aufgestellten Theorien des Urtheils enthalten war. Nur die Ansicht, die B r e n t a n o über die Natur des Urtheils vertritt, muss ich ausnehmen. Da ich sie für die richtige halte und sie demgemäss auch als das wahre Fundament der ganzen Syllogistik (wie ich dieselbe in der Folge entwickeln werde) ansehen muss, ist es erforderlich, sie vorerst in ihren Grundzügen darzulegen und gegen die Einwände, die seither gegen sie erhoben worden sind, zu vertheidigen. Die Consequenzen für die Lehre von den unmittelbaren und mittelbaren Schlüssen werden sich dann mit Leichtigkeit aus ihr ergeben.

Wie sich die psychischen Phänomene (z. B. das Vorstellen, das Fühlen, das Erwarten etc.) dadurch von den physischen unterscheiden, dass den ersteren die Beziehung zu einem immanenten Object (dem Vorgestellten, dem Gefühlten, dem Erwarteten etc.) wesentlich ist, so ist andererseits die v e r - s c h i e d e n e W e i s e dieser intentionalen Beziehung für die generelle Unterscheidung der psychischen Phänomene selbst massgebend. Nach den drei Arten dieser Beziehung theilt B r e n t a n o die psychischen Phänomene ein in Acte des V o r - s t e l l e n s, Acte des U r t h e i l e n s und in Acte der G e m ü t h s - t h ä t i g k e i t (Lieben, Hassen, Begehren, Verabscheuen etc.). Uns interessirt hier nur die zweite Classe und ihre Unterscheidung von der ersten. Das Wesen des Urtheils liegt in einer besonderen, nur durch Hinweis auf die innere Erfahrung verständlichen intentionalen Beziehung zum immanenten Object. Während also die bisherige Psychologie bemüht war, den Urtheilsact auf einfachere psychische Elemente zurückzuführen, muss nach B r e n t a n o's Ansicht die Analyse, als vor einem primitiven Phänomen stehend, Halt machen.

Da also das Charakteristische seiner Theorie darin besteht, dass er im Urtheilen eine besondere Gattung (ἴδιον γένος) psychischer Phänomene sieht, während alle andern Theorien hierin nur eine gewisse Zusammensetzung aus psychischen Elementen einer andern Gattung (ἄλλο γένος) zu erblicken glauben, dürfen wir die erstere als i d i o g e n e t i s c h e Urtheilstheorie, alle andern als a l l o g e n e t i s c h e Urtheilstheorien bezeichnen, um doch für derart fundamentale Unterschiede auch geeignete Namen zu besitzen. Die Argumente gegen die Versuche einer weiteren Analyse des Urtheils haben wir bereits kennen gelernt. Es erübrigt noch zwei wichtige Consequenzen aus der idiogenetischen Theorie zu ziehen.

§. 17. Wir haben den Vertretern der gegnerischen Ansicht vorgeworfen, dass sie zur Construction des Urtheils den Existenzbegriff verwenden müssen, ohne dass sie jedoch zeigen könnten, woher dieser Begriff gewonnen werde. Die von uns acceptirte — idiogenetische — Theorie bedarf zur Constituirung des Urtheils dieses Begriffes natürlich nicht; sie ist hingegen im Stande, zu zeigen, woher der Begriff Existenz, den wir nun doch einmal besitzen, stammt. Wir nennen nämlich dann Etwas „existirend", wenn das Urtheil, worin es anerkannt wird, wahr ist. M a r t y bemerkt mit Recht, der Begriff Existenz sei gewonnen „durch Reflexion auf eine bestimmte Classe von psychischen Phänomenen, nämlich das Urtheil. Hätten wir nie ein anerkennendes Urtheil gefällt, so besässen wir den Begriff nicht, denn er bezeichnet nur d i e B e z i e h u n g i r g e n d e i n e s G e g e n s t a n d e s (worunter wir jedes Vorgestellte verstehen) a u f e i n m ö g l i c h e s U r t h e i l, d a s i h n a n e r k e n n t und d a b e i w a h r o d e r r i c h t i g i s t".*)

Die idiogenetische Theorie verfährt daher hier gerade umgekehrt wie die allogenetischen: jener ist die intentionale Beziehung zu einem Gegenstand, die man Urtheilen nennt, die Quelle des Existenzbegriffes, während diese aus dem Existenzbegriff das Urtheil herleiten wollen. Welcher von beiden Standpunkten der berechtigte ist, geht aus unsern früheren Erörterungen klar hervor. Hier sei nur noch darauf hingewiesen, dass selbst die Annahme der Apriorität dieses Begriffes (gegen die sich gar Manches sagen liesse) kein Mittel bietet, an einer vom Vorstellen generell verschiedenen Urtheilsfunction vorbeizu

---

*) „Ueber subjectlose Sätze etc." II. Artikel. Vierteljahrsschr. f. wiss. Philos. 1884, pag. 171—172.

kommen. Gesetzt nämlich, das Sein sei ein vor aller Erfahrung gegebener, also apriorischer Stammbegriff; so würde doch die Verbindung desselben mit irgend einem Inhalte x nur zu der V o r - s t e l l u n g „existirendes x" führen. Wer aber die Vorstellung „existirender goldener Berg" hat, g l a u b t darum so wenig an die Existenz eines goldenen Berges, wie derjenige, der den Begriff „nicht existirendes Haus" denkt, darum g l a u b t, dass es keine Häuser gebe.

§. 18. Eine weitere und nicht minder wichtige Consequenz aus der idiogenetischen Theorie ist die, dass hinfort ein speci-fischer Unterschied zwischen ein- und zweigliedrigen Urtheilen (welche die traditionelle Logik als „kategorische" den „exi-stentialen" oder „thetischen" Urtheilen entgegenzustellen pflegt) nicht zu machen ist. Wie der Existentialsatz „S ist" nichts anderes als die einfache Anerkennung von S ausdrückt, so drückt der sogenannte kategorische Satz „S ist P" die einfache Anerkennung der Materie S P aus; ebenso wird in dem Satze „S ist nicht P" *) die Materie SP verworfen und es ist offenbar gar kein Grund vorhanden, die grössere oder geringere Com-plication der Materie zum *principium divisionis* der Urtheile zu machen. Demnach ist das, was man „Existentialurtheil" ge-nannt hat, nur eine bestimmte Form der A u s s a g e, d. h. des sprachlichen Ausdruckes, und diese Form kann jedem wahrhaft einfachen Urtheile gegeben werden, ob dies nun ein nach dem herkömmlichen Sprachgebrauche kategorisches oder ein existen-tiales (thetisches) Urtheil sei.

Wie die von den Logikern unterschiedenen vier Urtheilsarten a, e, i, o in existentialer Form auszudrücken sind, davon wird in der Kritik der bisherigen Lehre von der Urtheilsquantität die Rede sein. Das Wissenswerthe hierüber findet sich übrigens in B r e n t a n o's Psychologie. I. Bd., pag. 283 ff.

Dies ist in ihren Grundzügen die idiogenetische Theorie des Urtheils, wie sie von B r e n t a n o aufgestellt und von M a r t y vertreten worden ist.**) Auf sie stützt sich, was wir im Folgenden über die Lehre von den unmittelbaren Folgerungen und den kategorischen Syllogismen zu sagen haben.

---

*) Sofern derselbe ein wahrhaft e i n f a c h e s U r t h e i l ausdrückt und nicht ein zusammengesetztes oder Doppelurtheil, wovon später die Rede sein wird.

**) Vergl. hierzu das VII. Capitel von B r e n t a n o's Psychologie und M a r t y's Artikel „Ueber subjectlose Sätze etc." i. d. Vierteljahrsschr. f. wiss. Phys. 1884.

Da jedoch sehr geachtete Forscher gegen jene Theorie Einwände erhoben haben, so ist es Pflicht, sich vorerst mit diesen auseinander zu setzen.

§. 19. Zunächst hat W i n d e l b a n d*) geltend gemacht, dass zwar im Urtheil „neben der Function des Vorstellens oder der Vorstellungsverbindung die andere Function der (billigenden oder missbilligenden) Beurtheilung nachzuweisen sei", daraus aber noch nicht die Statuirung einer eigenen „Classe" von psychischen Phänomenen gefolgert werden könne. Vielmehr will W i n d e l b a n d (und derselben Ansicht ist auch B e r g- m a n n) die Urtheilsfunction den Functionen des Begehrens und Wollens in der Weise coordiniren, dass sie alle zusammen „der praktischen Seite des Seelenlebens" einzuordnen wären. Er geht dabei (wie wir aus seinen „Präludien" erfahren) von dem Gedanken aus, dass das Bejahen, respective Verneinen, W e r t h u r t h e i l e seien, welche darüber entscheiden, ob eine bestimmte Vorstellungsrelation der Erweiterung der Erkennt- niss als ihrem Z w e c k e diene oder nicht. Da sich's also auch bei der Wahrheit — ähnlich wie bei der Güte — nur um die Tauglichkeit zu einem gewissen Zwecke handeln soll, fliessen ihm Wahr und Falsch, Gut und Böse, Angenehm und Unan- genehm in eine einzige Kategorie zusammen, und folgerichtig können dann Urtheilen und Begehren, als Correlate jener Begriffe, keine specifisch verschiedenen Seelenthätigkeiten sein, sondern müssen einem und demselben — p r a k t i s c h e n — Theile des psychischen Lebens eingeordnet werden.

Treffend bemerkt hiegegen S i g w a r t**), aus der That- sache, dass Bejahen und Verneinen die einzelne Vorstellungs- verbindung an dem allgemeinen Z w e c k der Wahrheit messe, gehe durchaus nicht hervor, dass das Bejahen und Verneinen selbst ein p r a k t i s c h e s V e r h a l t e n sei. Das Billigen und Missbilligen im Sinne eines p r a k t i s c h e n Verhaltens***) ist,

*) „Beiträge zur Lehre vom negativen Urtheil" in den „Strassburger Ab- handlungen zur Philosophie", pag. 165—195.

**) Logik. 2. Aufl., I. Bd., pag. 157.

***) Die Ausdrücke Billigen und Missbilligen sind ebenso wie die Ausdrucke Anerkennen und Verwerfen von der Gefahr der Homonymie nicht ganz frei. „Eine Ansicht verwerfen" heisst sie als unrichtig beurtheilen; „eine Handlung ver- werfen" hingegen sie als schlecht verabscheuen. Die Gleichheit der Namen

wie Sigwart eben so richtig bemerkt, eine Folge des Urtheilens und nicht das Urtheilen selbst. „Wir missbilligen das
Falsche, weil es falsch ist, aber es ist nicht darum falsch, weil
wir es missbilligen; die theoretische Erkenntniss, dass ein
Urtheil wahr oder falsch ist, kann erst ein Gefühl begründen,
ebenso wie die Erkenntniss der Zweckmässigkeit eines Mittels
vorangehen muss, ehe wir es wählen." *) „Das Bewusstsein der
Gültigkeit ist nicht eine Form des Wollens, weil es die Erfüllung
eines Strebens und Wollens ist, so wenig als das Wohlgefühl
der Sättigung darum ein praktisches Verhalten ist, weil es vom
Essenden erstrebt wird." **)

Uebrigens hat dieser Einwand Windelband's für die
vorliegende Untersuchung insofern wenig Bedeutung, als er die
specifische Unterscheidung von Vorstellen und Urtheilen nicht
angreift. Dass Urtheilen und Begehren einfach dasselbe seien,
behauptet auch Windelband nicht; er bestreitet nur, dass
zwischen Urtheilen und Begehren derselbe fundamentale Unterschied bestehe, wie zwischen Urtheilen und Vorstellen. Wenn
nun dies auch richtig wäre (was wir mit Sigwart entschieden
in Abrede stellen müssen), so würde es die weiteren Consequenzen für die Lehre vom Schlusse völlige intact lassen.

§. 20. Nicht dasselbe gilt von einem weiteren Einwand,
den Windelband gegen die idiogenetische Urtheilstheorie
erhebt. Bei unmittelbar gewissen Wahrnehmungen, meint er,
gehe es nicht an, zwischen zwei psychischen Acten, dem der
Vorstellung und dem der Affirmation, zu unterscheiden, „zwischen
denen etwa nur eine für das Bewusstsein unmerkliche Zeit ver-
laufe"; eine solche Annahme sei „deshalb sinnlos, weil das
Motiv dieser nachkommenden Beurtheilung immer nur wieder
in der unmittelbaren Evidenz gesucht werden kann, mit der
sich die Vorstellung schon geltend gemacht haben muss, wenn
sie hinterher als wahr anerkannt werden soll".

Dieser Einwand richtet sich, wie man sieht, gegen die

---

möchte wohl mitgewirkt haben, um Windelband und Bergmann zur Verkennung des specifischen Unterschiedes zwischen Urtheil und Gemüthsthätigkeit zu
verleiten.

*) Ibid., pag. 159. Vergl. dazu auch Brentano, „Vom Ursprung sittlicher
Erkenntniss", pag. 56.

**) Logische Fragen. Vierteljahrsschr. f. w. Ph. 1881, pag. 101 ff.

Scheidung von Vorstellen und Urtheilen beim einfachen Wahrnehmungsact.

Vor Allem ist nun eine zeitliche Aufeinanderfolge dieser beiden Acte nicht nothwendig, ja in gewissem Sinne nicht einmal möglich, da doch das, was beurtheilt wird, während es beurtheilt wird, auch Gegenstand des Vorstellens sein muss (wenn es auch vorgestellt werden kann, ohne beurtheilt zu werden). Doch abgesehen davon, ist nicht einzusehen, wie die blosse Vorstellung sich mit Evidenz geltend machen soll, wenn anders die Evidenz eine Eigenschaft des Urtheils ist und wir wohl von einsichtigen Urtheilen, nicht aber von einsichtigen Vorstellungen sprechen können. Der Begriff der Evidenz schliesst den der Wahrheit in sich; und Wahrheit kommt nur dem Urtheil zu. Wenn nun freilich Windelband Sätze, wie „diese Rose ist weiss", als Beispiel solch' unmittelbar evidenter Wahrnehmungen anführt — Sätze, die keineswegs im bisherigen Sinne des Wortes evident sind —, so muss man annehmen, dass ihm die Evidenz nichts anderes als ein Drang zum Urtheilen ist. Wäre aber dies richtig, dann gerade wäre die Evidenz eine Besonderheit der Vorstellung, die zum Motiv des Urtheils wird; und diesfalls wäre es nicht nur nicht „sinnlos", sondern geradezu gefordert, zwischen Motiv und Motivirtem einen Unterschied zu machen.

§. 21. Noch bleibt ein dritter Einwand desselben Forschers zu erledigen.

Wenn jedes (einfache) Urtheil in existentialer Form dargestellt werden kann, ja wenn gerade diese Form am passendsten den psychischen Vorgang ausdrückt, indem sie allein die beiden Theile des Urtheils, Materie und Form, scharf sondert, und so den Unterschied zwischen kategorischen und sogenannten Existentialurtheilen als einen bloss sprachlichen und nicht die Urtheilsfunction betreffenden erscheinen lässt, so muss offenbar das Zeichen für Bejahung resp. Verneinung ein eindeutiges, d. h. es darf nicht äquivoc sein. Nun scheint aber gerade das Gegentheil der Fall zu sein: „Sagt man z. B. ‚die Freiheit ist', so wird man doch zugestehen müssen, dass man ihr ein andersartiges ‚Sein' zuschreibt, als etwa der Gottheit in dem Satze ‚Gott ist'. Und dabei haben doch beide Sätze noch das gemein, dass dies ‚Sein', um welches es sich dabei handelt in beiden Fällen ein ‚Wirklichsein‘ oder ‚Realsein‘ bedeutet, wenn auch eben eine Substanz in anderem Sinne ‚ist‘, als eine Eigenschaft oder eine Thätigkeit. Versucht man dagegen etwa den Satz ‚der Blitz ist die Ursache des Donners‘ in den Existentialsatz zu verwandeln ‚das Causalverhältniss zwischen Blitz und Donner i s t‘, so wird man schon sehr zweifelhaft darüber sein können, ob dieses ‚ist‘ im Sinne der ‚Wirklichkeit‘, der ‚Realität‘ gedeutet werden dürfe. Kommt man gar an einen Existentialsatz, wie etwa ‚die Unterordnung der Rose unter den Begriff der Blume i s t‘ — denn nur so dürfte die Verwandlung des Satzes ‚die Rose ist eine Blume‘ in einen Existentialsatz lauten — so würde man in einen Hyperrealismus, der nicht nur die Universalien, sondern auch ihre Beziehungen hypostasirte, hineingerathen, wenn man dieses ‚Sein‘ wieder als ‚absolute Wirklichkeit‘ deuten wollte." *)

Ohne Zweifel ein harter Vorwurf gegen die bekämpfte Theorie!

Zunächst sei hier nebenbei bemerkt, dass der Satz „die Rose ist eine Blume", in existentialer Form ausgedrückt, n i c h t lauten würde „die Unterordnung der Rose unter den Begriff der Blume i s t", wie W i n d e l b a n d meint. (Es wird sich dies aus späteren Betrachtungen ergeben.) Da aber doch jedenfalls das Urtheil „die Unterordnung der Rose unter den Begriff der Blume i s t", gefällt werden kann (wenn es auch mit dem Urtheil „die Rose ist eine Blume" nicht identisch ist), so mag es W i n d e l b a n d immerhin als Instanz benützen.

Vor Allem ist es nun unrichtig, dass „Sein" so viel heisse wie „Wirklichsein", „Realsein". Es ist in letzterer Zeit wiederholt, so besonders von M a r t y **), hervorgehoben worden, dass man auch von einem Mangel, einer Unmöglichkeit u. dergl. sagen könne, sie s e i, ohne damit im Geringsten behaupten zu wollen, Mangel und Unmöglichkeit seien R e a l i t ä t e n. Sagt man also „die Unterordnung der Rose . . . . i s t", so ist die hierin ausgedrückte Relation zwischen Universalien keineswegs „hypostasirt"; der Satz besagt vielmehr nichts anderes, als dass jene Unterordnung anzuerkennen ist. Man muss mit W i n d e l b a n d

---

*) Beiträge zur Lehre vom negativen Urtheil, pag. 19 f. des Separat-Abdruckes.
**) Im 2. Art. „Ueb. subjectlose Sätze etc." Vierteljahrsschr. f. w. Ph. 1884, pag. 172 ff.

freilich zugeben, dass im Satze „Gott ist" eine Realität anerkannt wird, während dies in einem Satze wie „es besteht die
Unmöglichkeit...." nicht der Fall ist. Aber dies ist nicht so
zu verstehen, als läge der Unterschied darin, dass im ersten
Falle das „ist" so viel bedeute wie „ist real", im zweiten hingegen nicht. Nein, das „ist" bedeutet beide Male durchaus dasselbe; aber da ich unter Gott eine Realität verstehe, so ist
natürlich, indem ich Gott anerkenne, eine Realität anerkannt.
Und da es zum Begriffe des Mangels, der Unmöglichkeit u. dergl.
gehört, dass sie keine Realitäten sind, so ist, indem der
Mangel etc. anerkannt wird, damit noch keine Realität anerkannt. Ein Unterschied in der Materie ist es also, der hier
vorliegt, und kein Unterschied in der Urtheilsfunction, der etwa
das Zeichen „ist" als ein Homonymon erscheinen liesse.

Der Standpunkt, den Windelband hier vertritt, würde
zu den ungeheuerlichsten Consequenzen führen. Denn sobald
man Momente, die der Urtheilsmaterie angehören, in die
Urtheilsfunction zu verlegen beginnt, hört jede einheitliche
Erklärung dieser letzteren von vornherein auf. Die Unterschiede
zwischen „Realsein" und jenem Sein, das auch dem Mangel und
der Unmöglichkeit zukommt, sind ja durchaus nicht die einzigen,
die man von diesem Standpunkte aus statuiren müsste. Wenn
z. B. unter Gott ein in sich nothwendiges, unter Materie ein
contingentes Wesen zu verstehen ist, so würde in den Sätzen
„Gott ist" und „die Materie ist" das „ist" schon darum ein
Homonymon sein, weil es im einen Falle die Bedeutung von
„durch sich nothwendig sein", im andern die von „contingent
sein" hätte; gibt doch Windelband selbst zu, dass sogar in
Sätzen wie „Gott ist" und „die Freiheit ist" das „ist" nur
äquivoc gebraucht werde, obzwar seiner Meinung nach in
beiden Fällen von einer Realität die Rede ist. An welche Unterschiede Windelband bei diesem Beispiele gedacht hat, ist
nicht ersichtlich; gewiss liessen sich aber deren sehr viele
finden, sobald man die Begriffe Gott und Freiheit analysirt;
aber eben in den Begriffen selbst liegt hier der Unterschied
und nicht in der Urtheilsfunction.

Anmerkung. Sigwart, auf dessen Einwände gegen die hier vertretene
Urtheilstheorie wir sogleich zu sprechen kommen werden, scheint in ähnlicher
Weise wie Windelband der Ansicht zu sein, dass der Urtheilsact als solcher

an den Besonderheiten des beurtheilten Gegenstandes participire. Nachdem er behauptet, dass zur „subjectiven Vorstellungsverbindung" noch das Bewusstsein der „objectiven Gültigkeit" hinzutreten müsse, wenn es überhaupt zu einem Urtheil kommen solle, fährt er fort: „Der Sinn der Gültigkeit aber ist je nach dem Charakter der Vorstellungen verschieden; betrifft unser Urtheilen Objecte, die wir auf Grund unserer Wahrnehmung als wirklich existirend voraussetzen, so meint die Gültigkeit das wirkliche Stattfinden dessen, was wir aussagen, innerhalb der gegebenen Welt; betrifft es blosse Begriffe, so meint die Gültigkeit des Urtheils eine im vorgestellten Inhalt selbst liegende Nothwendigkeit, ein bestimmtes Prädicat von ihm auszusagen." *) Hier liegt im Wesen dieselbe Verwechslung vor, die wir bei W i n d e l b a n d angetroffen haben. Wenn das „ist" in manchen Urtheilen so viel hiesse wie „ist real", dann könnte diese Bedeutung gewiss nicht für sämmtliche Urtheile gelten. **) Aber dies ist, wie schon bemerkt, so wenig der Fall, dass es vielmehr in gar keinem Urtheil diesen Sinn hat. Wenn A eine Realität ist, so behauptet freilich der Satz, welcher besagt, dass A s e i, *implicite* dass eine Realität s e i, und zwar diejenige Realität, welche eben die Besonderheiten von A an sich hat; aber er spricht nicht einem A, das für sich nicht real wäre, die Realität zu.

Wenn S i g w a r t ***) denjenigen, welche Sätze wie „es blitzt", „es regnet" für Existentialurtheile halten, zu bedenken gibt, dass „die Wirklichkeit dessen, was ausgesagt wird", schon darin eingeschlossen sei, „dass das Subject als wirklich Existirendes vorgestellt" werde und darum kein Grund vorhanden sei, „diese Existiren zu behaupten", so macht er ihnen eine Ansicht zum Vorwurf, die sie gar nicht vertreten; denn nur diejenigen könnten die oben citirten Worte mit Recht treffen, welche glauben, dass in Sätzen wie „es blitzt" vom Blitzen die Realität ausgesagt werde. In der Behauptung, dass der Satz „es blitzt" so viel heisse wie „Blitzen i s t" liegt dies jedoch gar nicht involvirt. Es ist daher ein Fehler S i g w a r t's und nicht der von ihm angegriffenen Lehre, wenn er jenes „Sein" sofort mit einem „Realsein" vertauscht und auf diese Weise der gegnerischen Ansicht eine Gestalt gibt, in der sie freilich leicht zu bekämpfen ist.

§. 22. Ausser dem eben in der Anmerkung mitgetheilten Einwand haben S i g w a r t noch andere Ueberlegungen dazu veranlasst, die idiogenetische Urtheilstheorie zu bekämpfen.

Dass in der „Anerkennung" oder „Verwerfung" eine „andere Function liegt als im bloss subjectiven Beziehen zweier Vorstellungen auf einander", gibt S i g w a r t unbedingt zu; er

---

*) „Die Impersonalien", pag. 59—60.

**) S i g w a r t erkennt dies richtig; nur ist das Beispiel, das er für seine Behauptung anführt, nicht glücklich gewählt. Der Satz „ein schlechterdings untheilbares Atom kann keine Ausdehnung haben" gilt, wie er richtig bemerkt, „ob ich an die Wirklichkeit solcher Atome glaube oder nicht". Nur drückt der obige — in Wahrheit n e g a t i v e — Satz auch nicht einmal eine Existenz aus. Seine Bedeutung ist durch die Leugnung untheilbarer, ausgedehnter Atome völlig erschöpft. Satze, wie „der Mangel ist", „die Unmöglichkeit ist" u. dergl. dienen viel besser dazu, den Unterschied zwischen Sein und Realität zu demonstriren; denn diese Sätze b e h a u p t e n eine Existenz ohne eine Realität zu behaupten, während in S i g w a r t's Beispiel weder das Eine, noch das Andere behauptet wird.

***) Impersonalien, pag. 54.

bestreitet jedoch, dass diese Function „einem ganz anderen
Gebiete der Seele angehöre, als das Vorstellen, und mit Liebe
und Hass näher verwandt sei als mit dem Denken und Vorstellen bestimmter Objecte". *) Was Sigwart in Betreff der
Verwandtschaft mit den Gemüthsthätigkeiten bemerkt, muss
ihm ohne weiters als richtig zugestanden werden; nur kann
ich 'nicht einsehen, wieso sich diese Bemerkung gegen die
Theorie Brentano's richten soll? Die Eintheilung der psychischen Phänomene nach der dreifachen, fundamental verschiedenen Beziehung zum immanenten Objecte schliesst ja eben jede
nähere Verwandtschaft einer der drei Classen mit irgend einer
andern von vornherein aus. **)

§. 23. Ein weiteres Argument richtet Sigwart gegen die
Aufstellung von eingliedrigen Urtheilen und damit *implicite*
gegen die idiogenetische Urtheilstheorie überhaupt. Ich sage:
Sigwart kämpft hier *implicite* gegen die ganze Theorie; denn
dieser zu Folge ist es gleichgiltig, ob die einfache Materie A oder
die zusammengesetzte Materie S P anerkannt (respective geleugnet)
wird, da es in beiden Fällen nur auf die Besonderheit der
intentionalen Beziehung ankommt; wer daher die Statuirung
einer besondern intentionalen Beziehung für das „eingliedrige"
Urtheil für verfehlt hält, muss dies folgerichtig auch in Betreff
des „zweigliedrigen" (sogenannten kategorischen), und somit des
Urtheils überhaupt, thun.

Dies vorausgeschickt, wenden wir uns sogleich zu dem
angekündigten Gegenargumente Sigwart's.

„ . . . . . stelle ich", sagt der genannte Forscher ***), „einen
‚Gegenstand' A vor, so ist er für mein Bewusstsein zunächst
als vorgestellter, gedachter vorhanden; er steht zunächst in
dieser Beziehung zu mir, Object meines Vorstellens zu sein.
Insofern kann ich ihn nicht verwerfen, da ich ihn wirklich vorstelle; und wollte ich ihn anerkennen, so könnte ich eben nur anerkennen, dass ich ihn wirklich vorstelle; aber diese ‚Aner-

---

*) „Die Impersonalien", pag. 50.
**) Desselben Missverständnisses macht sich auch Steinthal (Zeitschr.
f. Volkerpsych. XVIII, pag. 175) schuldig. Die Bemerkungen Beider passen viel
eher auf Windelband's (l. c.) und Bergmann's („Reine Logik", pag. 46 ff.) Ansichten. Vergl. dazu Brentano, „V. Urspr. sittl. Erk.", pag. 56.
***) Logik, pag. 89—90, Anmerkung.

kennung' wäre nicht die Behauptung, dass er existirt; denn
es handelt sich ja eben darum, ob er ausserdem, dass ich ihn
vorstelle, noch die weitere Bedeutung hat, dass er einen Theil
der mich umgebenden wirklichen Welt bildet, von mir wahrgenommen werden kann, Wirkungen auf mich und anderes aus-
üben kann. Diesen letzteren Gedanken muss ich mit der blossen
Vorstellung verknüpfen, wenn ich seine Existenz behaupten
will.' Und in demselben Sinne heisst es in den „Impersonalien" *) :
„Der Begriff als solcher bedarf keines Anerkennens oder Setzens;
sobald er wirklich gedacht wird, ist Alles geschehen, was in
Bezug auf ihn als diesen einzelnen Begriff möglich ist; es ist
gar nicht abzusehen, worauf sich das Anerkennen beziehen,
oder wie ihm, wenn er wirklich gedacht wird, die Anerkennung
sollte verweigert und in welchem Sinne er sollte verworfen
werden können; nicht abzusehen, was es heissen soll, dass
ich den Begriff Kreis anerkenne oder den Begriff Quadrat ver-
werfe." Und bald darauf heisst es von einer einzelnen Anschauung, z. B. einem Gesichtsbild, es könne in keinem denk-
baren Sinne gesagt werden, dass ich es anerkenne oder ver-
werfe; „es ist einfach da, Object meines Bewusstseins, ich mag
wollen oder nicht". **) Gegenstand der Anerkennung oder Verwerfung kann nur „die Bedeutung sein, die er (der Begriffs-
inhalt) ausserdem, dass er jetzt von mir gedacht wird, noch
sonst haben kann; insbesondere der Gedanke, dass ein a n d e r e r,
mir in der Anschauung gegebener Gegenstand mit dem Begriff
übereinstimmt oder identisch ist; dann ist aber eben nicht der
Begriff selbst, sondern diese Beziehung, in der er steht, Gegenstand der Anerkennung oder Verwerfung". ***)
Wer die idiogenetische Urtheilstheorie in der Gestalt, die
ihr B r e n t a n o gegeben, kennt, dem muss sofort auffallen, dass
Si g w a r t dieselbe missverstanden hat, indem er sich fortwährend
einer doppelten Verwechslung schuldig macht: einmal zwischen
Vorstellungsact und Vorstellungsinhalt und dann — im Zusammenhang damit — zwischen Gegenstand und vorgestellten Gegenstand.
Vorerst eine Bemerkung zur Erklärung dieser Termini,
die zwar einzeln genommen von Jedermann verstanden werden,

/ pag. 62.
*) Ibid. pag. 63.
*) Ibid. pag. 62.

dennoch aber, sobald sie alle zusammen in das Gebiet unserer Betrachtungen gezogen werden, schon wegen der homonymen Ausdrücke so leicht einer Verwechslung unterliegen, dass selbst Denker wie Sigwart zu Missverständnissen und Irrthümern verleitet werden konnten.

Jeder weiss, was es heisst: ich stelle einen Thaler vor (gleichgiltig ob ich ihn „wahrnehme" oder mir in der Phantasie vergegenwärtige). Dasjenige, was der Species nach gleichbleibt, ob ich einen Thaler, ein Pferd oder ein Dreieck vorstelle, heisst der Vorstellungsact; dasjenige, was diese drei Fälle von einander unterscheidet, wird allgemein als Inhalt, Gegenstand oder Object der Vorstellung bezeichnet. (Das Wort Vorstellung wird äquivoce auf Act und Inhalt angewandt.) In unserem ersten Beispiele ist also Gegenstand der Vorstellung: Thaler, und nicht: vorgestellter Thaler. Der Vorstellungs-act wird durch seinen Inhalt specificirt und bildet mit ihm zusammen eine einzige psychische Realität. Diese psychische Realität kann ihrerseits wieder Gegenstand (Inhalt) einer vorstellenden Thätigkeit sein, nehmen wir doch auch unser Vorstellen sammt seinem Inhalte innerlich wahr. Ich stelle daher vor, dass ich die Vorstellung eines Thalers habe. Gegenstand dieses zweiten Vorstellungsactes ist also nicht mehr der Thaler, sondern der vorgestellte Thaler. Um eine Verwechslung zwischen beiden Vorstellungsacten zu vermeiden, wollen wir den einen den primären, den andern den secundären Vorstellungsact nennen. Wir können demnach sagen: der Gegenstand des primären Vorstellungsactes ist der Thaler, der Gegenstand des secundären Vorstellungsactes der vorgestellte Thaler.

Wie nun der Thaler selbst (nicht der vorgestellte!) einmal Gegenstand eines bloss vorstellenden Verhaltens sein kann, so kann derselbe Thaler (und wieder nicht der vorgestellte!) ein andermal Gegenstand eines urtheilenden Verhaltens, d. h. einer Anerken-nung oder Verwerfung sein, was sich in den Sätzen „es gibt einen Thaler", beziehungsweise „es gibt keinen Thaler" ausdrückt.

Wie wir nun vorhin bemerkt haben, dass das primäre Vorstellen Gegenstand eines secundären sein kann, so kann das primäre Vorstellen und Urtheilen seinerseits wieder Gegen-stand eines secundären Vorstellens und eines secundären Urtheilens (innere Wahrnehmung) sein. (Ja, psychologische Untersuchungen, die uns im Augenblick nichts angehen, zeigen, dass dies nothwendig so sein muss.) Analog unsern obigen Aus-führungen werden wir auch hier sagen: der Thaler ist Gegen-stand unseres primären Urtheilens, der vorgestellte Thaler Gegenstand unseres secundären Urtheilens. Natürlich kann das primäre Urtheilen, da es einen anderen Gegenstand hat, ganz gut negativ sein, während das secundäre affirmativ ist. Es ist ja einleuchtend, dass ich zugleich überzeugt sein kann, es gebe keinen wirklichen, wohl aber einen vorgestellten Thaler. Denn diesen letzten gibt es, so oft ich ihn vorstelle; und vorstellen muss ich ihn, wenn ich ihn leugnen soll.

Betrachten wir nun im Lichte dieser Distinctionen, was S i g w a r t zuletzt gegen die idiogenetische Urtheilstheorie vor-gebracht hatte.

Er sagt: ... . stelle ich einen ‚Gegenstand' A vor, so ist er für mein Bewusstsein zunächst als vorgestellter, gedachter vorhanden; er steht zunächst in dieser Beziehung zu mir, Object meines Vorstellens zu sein. Insofern kann ich ihn nicht ver-werfen, da ich ihn wirklich vorstelle etc." Wen kann ich nicht verwerfen? Den vorgestellten Gegenstand oder den Gegenstand selbst? Offenbar nur den ersteren! Denn der secundäre Urtheils-act muss als Act der inneren Wahrnehmung affirmativ sein, und zwar eine evidente Affirmation. Wenn S i g w a r t sagt, der Gegenstand A sei als vorgestellter, gedachter für mein B e w u s s t-s e i n vorhanden, so kann unter diesem „Bewusstsein" nur jener secundäre Urtheilsact gemeint sein. Indem er aber fortfährt, „er steht zunächst in dieser Beziehung zu mir, Object meines Vorstellens zu sein", so ist ihm unter der Hand aus dem „Gegenstand als vorgestellten, gedachten" der Gegenstand selbst geworden, also der Gegenstand des primären Vorstellens. Und dieser unbemerkte Wechsel des Subjectes verschuldet das ganze Missverständniss. Denn wenn S i g w a r t unmittelbar darauf sagt: „insofern kann ich ihn nicht verwerfen, da ich ihn wirklich vor-stelle etc.", so passt dies recht wohl auf den „Gegenstand als vorgestellten, gedachten", nicht aber auf den Gegenstand selber, der doch im unmittelbar vorhergehenden Satze („er steht zunächst in dieser Beziehung zu mir etc.") gemeint war. S i g w a r t macht sich nicht klar, dass, wenn er auch fortwährend von „Gegen-stand" spricht, doch nur s c h e i n b a r von einem und demselben Ding die Rede ist.

Dieselbe Verwechslung unterläuft auch in der citirten Stelle der „Impersonalien". „. . es ist gar nicht abzusehen", heisst es daselbst, „worauf sich das Anerkennen beziehen oder wie ihm (sc. dem „Begriffe"), wenn er wirklich gedacht wird, die Anerkennung sollte verweigert, und in welchem Sinne er sollte verworfen werden können etc." Die Anschauung ist „einfach da, Object meines Bewusstseins, ich mag wollen oder nicht". Ich frage wieder: was ist einfach da und kann nicht verworfen werden? Der Gegenstand selbst doch gewiss nicht; denn von ihm kann ich vielleicht überzeugt sein, dass er nicht existire und doch muss ich ihn, gerade um dieser Ueberzeugung willen, vorstellen. Was „einfach da ist und nicht verworfen werden kann", das ist der vorgestellte Gegenstand.*)

So viel über den letzten und wichtigsten Einwand Sigwart's; wichtig, da die ihm zu Grunde liegenden Verwechslungen schwierige und für die Psychologie ausserordentlich bedeutsame Differenzen betreffen.

Wir sehen, dass von allen den vorgeführten Argumenten auch nicht ein einziges beweiskräftig ist und so halten wir uns denn für berechtigt, auf dem Standpunkte der idiogenetischen Urtheilstheorie zu verharren und aus ihr die weiteren Consequenzen für die künftige Gestaltung der Schlusslehre zu ziehen.

Ehe dies geschieht, muss jedoch untersucht werden, welchen Einfluss die neue Theorie auf die Lehre von der Quantität der Urtheile hat. Quantitätsverhältnisse sind es ja, welche die traditionelle Logik zur Basis des syllogistischen Verfahrens gemacht hat.

Von der Quantität der Urtheile.

§. 24. Wenn das Urtheil wirklich nichts Anderes als eine bestimmte, nur durch Hinweis auf die Erfahrung klar zu machende Beziehung zum immanenten Objecte ist und diese Beziehung sich in zweifacher Weise — als Anerkennung und Leugnung — geltend machen kann, so ergibt sich daraus sofort die Einthei-

---

*) Was allerdings Sigwart meint, wenn er sagt, auch die Anerkennung habe hier keinen Sinn, ist mir nicht erfindlich. Sollte es sinnlos sein, die Behauptung aufzustellen, „ich stelle mir jetzt ein Schloss vor", womit doch offenbar das vorgestellte Schloss als vorgestelltes anerkannt wird?

In Bezug auf die Ansicht, dass wahrgenommen werden und Wirkungen aus üben können im Begriffe der Existenz gelegen sei, vergl. Brentano, „V. Urspr. sittl. Erk.", pag. 63 ff. und Marty's „Entgegnung" wider Sigwart's Angriffe i. d. Vierteljahrsschr. f. w. Ph. 1888, pag. 241—51.

lung der Urtheile in bejahende und verneinende, sozusagen als die fundamentalste.

Die Schullogik hatte dieser Eintheilung eine weitere an die Seite gestellt: die nach der Quantität. Aus der Kreuzung beider hatten sich bekanntlich die durch die Buchstaben a, e, i und o bezeichneten vier Urtheilsarten ergeben.

Es fragt sich nun, ob die Eintheilung nach der Quantität ihre Bedeutung behält, wenn man das sogenannte kategorische Urtheil nicht als eine neben dem existentialen stehende Species des Urtheils ansieht, sondern beide als nur durch den sprachlichen Ausdruck unterschiedene, psychologisch aber gleichartige Phänomene betrachtet, wie dies in der idiogenetischen Theorie involvirt ist.

Welches *principium divisionis* hatte die alte Logik benützt, wenn sie die Urtheile in universelle und particuläre eintheilte?

Sehen wir zunächst von den zum Theile sehr treffenden Bemerkungen Sigwart's*) gegen die bisherige Lehre von der Urtheilsquantität ab, so finden wir fast durchgehends die Ansicht ausgesprochen, dass die „Ausdehnung, in welcher dem Umfang des Subjectsbegriffes das Prädicat zuerkannt oder abgesprochen wird"**), den Grund zur Eintheilung der Urtheile in universelle, particuläre und singuläre abgebe. Da das Prädicat „sterblich" dem Begriffe „Mensch" seinem ganzen Umfang nach zugesprochen wird, nannte man das Urtheil „alle Menschen sind sterblich" ein universelles; dagegen bezeichnete man das Urtheil, „einige Menschen sind krank" als particulär, da das Kranksein nur einem Theile derjenigen Individuen zugesprochen wird, welche unter den Begriff Mensch fallen. Unter demselben Gesichtspunkt ordnete man dann das singuläre Urtheil („Hannibal war ein Feldherr") meistens dem universellen zu.

Nun zeigt sich aber sofort, dass, wenn man die vier Urtheilsarten (a, e, i, o) in die Existentialform bringt, so dass also nicht einem Subjecte S ein Prädicat P zu- oder abgesprochen, sondern vielmehr der zusammengesetzte Gegenstand

---

*) Logik. §§ 27 und 28

**) Die Worte Ueberweg's in seinem „Syst. d. Log.", pag. 215. In ähnlicher Weise Bergmann, „Reine Logik", p. 189 ff.; J. St. Mill, „Syst. d. ded u. ind. Logik", Buch I, Cap. IV, §. 4; Alex Bain, „Logic". Part. I, p. 82. Von älteren Philosophen Kant und vor ihm schon die cartesianische Logik (vergl. *Logique de Port-Royal. P. II, Ch. 3*) und viele andere.

SP anerkannt oder geleugnet wird, in der Gestalt der M a t e r i e
SP kein Hinweis darauf gegeben ist, ob P mit S seinem ganzen
Umfange oder nur einem Theil seines Umfangs nach verbunden
wird. In der Urtheils f u n c t i o n kann das Moment des Universellen oder Particulären auch nicht liegen, denn S P kann nur
entweder anerkannt oder geleugnet werden. Es gibt also bei
gleicher Materie nur z w e i Urtheile: S P ist, S P ist nicht.

§. 25. W. St. J e v o n s hat versucht das Moment der Quantität dennoch in die Materie zu verlegen; die Materie des universellen Urtheils heisst bei ihm „Alle S P", die des particulären „Einige S P" *). Gegen diesen Versuch aber muss geltend
gemacht werden, dass der vermeintliche Ausdruck für die Uni-
versalität der Materie „Alle S P" für sich gar keinen Sinn hat
und demgemäss dieser vermeintliche Gegenstand auch nicht
Inhalt eines Urtheils werden kann. Was sollte der Satz „Alle
sterblichen Menschen — s i n d" bedeuten? S i g w a r t und B r e n-
t a n o weisen mit Recht darauf hin, dass „Alle" eine doppelte
Negation einschliesst. **) Wenn aber dies, dann muss jedenfalls
die E i n e der beiden Negationen zur Urtheils f u n c t i o n gehören; denn wenn beide die Materie beträfen, so würden sie
sich aufheben und wären also so gut wie nicht vorhanden.
J e v o n s' Versuch ist mithin unannehmbar.

§. 26. Die Rückführung der vier, von der Schullogik an-
genommenen Urtheilsarten auf die Existentialform als den
adäquatesten Ausdruck des Urtheils überhaupt wird Licht in
die Untersuchung bringen.

In Betreff des p a r t i c u l ä r b e j a h e n d e n und des u n i-
v e r s e l l v e r n e i n e n d e n Urtheils (i und c) kann kein Zweifel
sein, dass sie in existentialer Form lauten:

(i) Es gibt S P; beziehungsweise
(e) Es gibt nicht S P.

Diese Sätze sind ganz offenbar identisch mit den Sätzen
„irgend ein S ist P" (oder, wie die meisten Logiker sagen, „einige
S sind P"), beziehungsweise „kein S ist P".

Grösseren Schwierigkeiten begegnen wir schon bei der
Analyse des sogenannten universell bejahenden Urtheils. Hier
soll, wie die Schullogik lehrt, das Prädicat dem Subjecte seinem

---

*) Vergl. z. B. „Substitution of Similars", London 1869. p. 33 und öfters.
**) Logik. I, pag. 210 ff. und B r e n t a n o, Psychologie. Bd. I, pag. 283.

ganzen Umfange nach zugesprochen werden. Dies kann nichts Anderes heissen, als dass das Prädicat jedem einzelnen, in den Umfang des Subjectes fallenden Individuum zugesprochen wird. Man hat das vielfach so aufgefasst, als sei das „universell bejahende" Urtheil ein zusammenfassender Ausdruck für eine Vielheit von singulären Urtheilen. „Alle Menschen sind sterblich" hiesse dann so viel, wie „Peter ist sterblich, Paul ist sterblich, Johann etc. etc." Dass diese einzelnen Urtheile nicht wirklich gefällt werden, musste man wohl zugeben, und so finden wir denn häufig die Ansicht vertreten, in derartigen Sätzen werde dem abstracten und allgemeinen Begriffe (z. B. Mensch) eine gewisse Eigenschaft (z. B. die Sterblichkeit) zugesprochen, und damit *implicite* jedem einzelnen Individuum, das unter diesen Begriff fällt. Darnach wäre das universell bejahende Urtheil wenigstens ein Aequivalent für eine Vielheit singulärer Urtheile. Das Unzureichende dieser Analyse zeigt sich jedoch am besten dadurch, dass im selben Sinne auch das particuläre Urtheil als Aequivalent für mehrere singuläre Urtheile aufgefasst werden kann und somit der Unterschied zwischen Universell und Particulär gänzlich verschwinden würde.

Der wahre Sinn von Sätzen, wie „alle S sind P" liegt, wie Brentano und Sigwart betonen, in der Leugnung der Ausnahme, also in einer doppelten Negation, von der die eine zur Materie, die andere zur Urtheilsfunction gehört. Der Satz „alle S sind P" leugnet, dass es S gebe, die nicht P sind. Die Qualität des von der Schullogik als „universell bejahend" bezeichneten Urtheils ist also in Wahrheit negativ.*)

So sicher aber die Leugnung der Materie „nicht P seiendes S" zum Wesen dieses Urtheils gehört, so könnte doch daran gezweifelt werden, ob sie den Sinn desselben völlig erschöpft. Der Schullogik zu Folge ist in dem Urtheile „alle S sind P" auch die Behauptung eingeschlossen, dass es S gebe; in der Leugnung der Materie „nicht P seiendes S" ist jedoch die Anerkennung von S keineswegs involvirt und so könnte denn die Meinung

---

*) Dies gilt unter Anderem auch von demjenigen Urtheil, welches man als Princip der Identität bezeichnet hat. „Jedes A ist A" heisst „es gibt kein A, das nicht A ist". Der sogenannte Satz der Identität ist demnach mit dem Satze des Widerspruches einfach identisch. Die traditionelle Logik ist im Irrthum, wenn sie beide Sätze als verschiedene Principien neben einander stellt.

entstehen, dass jene Leugnung dem „universell bejahenden"
Urtheil zwar wesentlich, aber nicht allein wesentlich sei. Nun
ist allerdings sicher, dass derjenige, welcher den Satz „alle S
sind P" ausspricht, sehr häufig zwei Urtheile fällt: einmal, dass
es kein S gibt, welches nicht P ist, dann aber, dass es S gibt;
wie denn Einer, der sagt „alle Apostel waren Juden", nicht blos
leugnet, dass es Apostel nichtjüdischer Herkunft gegeben
habe, sondern auch behauptet, dass Apostel existirten.

Dies würde jedoch nicht mehr beweisen, als dass der Satz
„alle S sind P" der sprachliche Ausdruck für ein doppeltes
Urtheil ist. Aber allgemein gilt nicht einmal dies. Unter
den Logikern sind längst Bedenken aufgetaucht, ob denn die
Anerkennung von S einen nothwendigen Bestandtheil des Urtheils
„alle S sind P" ausmache. Schon Trendelenburg bemerkt,
dass in dem Urtheil „das rechtwinklige Dreieck hat die im
pythagoräischen Lehrsatz ausgesprochene Eigenschaft" nichts
darüber gesagt sei, ob ein Dreieck rechtwinklig sei oder
nicht*); und in ähnlicher Weise behauptet auch Fr. Alb. Lange,
dass die Sätze der Stereometrie oder analytischen Geometrie
gelten, „einerlei, ob entsprechende Körper und Flächen oder
Linien in der Natur vorkommen oder nicht".**)

Dies ist ohne Zweifel richtig. Sätze von der Form „alle S
sind P" drücken also immer die Leugnung der Materie „nicht
P seiendes S" aus, ab und zu jedoch überdies die Anerkennung von S. Da es nun der traditionellen Logik — mit
Recht — nicht darauf ankam, eine Classification der Sätze,
sondern eine solche der Urtheile aufzustellen, so hätte sie
sich nicht an diejenigen Fälle halten sollen, in welchen eine
Complication von Urtheilen durch einen einfachen Satz ihren
sprachlichen Ausdruck findet. Handelt es sich aber um einfache
Urtheile, so wird das ehemalige „universell bejahende" Urtheil
in Wahrheit als ein negatives Urtheil mit theilweise negativer
Materie charakterisirt werden müssen.***)

---

*) Logische Untersuchungen, 3. Aufl., II. Bd., pag. 272.
**) Logische Studien, pag. 18.
***) Trendelenburg und Lange haben diese nothwendige Consequenz
ihrer eigenen oben angeführten Lehren nicht gezogen. De Morgan gebührt das
Verdienst, die negative Qualität dieser Urtheile erkannt zu haben. Die Urtheile
„alle X sind y" und „kein X ist Y" (wo y das contradictorische Gegentheil von Y
bedeutet) erklärt er für identisch. Vergl. A. Bain, Logic, Part. I, p. 90.

Anmerkung. Ob in jenen Fällen, in welchen Sätze von der Form „alle S sind P" nebst der Leugnung der Materie „nicht P seiendes S" auch noch die Anerkennung von S bedeuten, eine besondere psychische Verflechtung dieser beiden Urtheile vorliege, oder ob sie sozusagen unabhängig neben einander gefällt werden — diese Frage soll einstweilen *in suspenso* gelassen werden; wir werden später eingehender darauf zu sprechen kommen.*) Wenn wir daher behaupten, dass der Satz „alle S sind P" häufig ein Doppelurtheil ausdrückt, so ist durch den Ausdruck Doppelurtheil keineswegs für einen der beiden möglichen Standpunkte ein Präjudiz geschaffen.

Dass Sätze von der Form „alle S sind P" in der Mehrzahl der Fälle ein Doppelurtheil ausdrücken, ist leicht erklärlich; zur Bildung des Urtheils „es gibt kein S, das nicht P ist", ist ja offenbar dann mehr Veranlassung vorhanden, wenn S existirt, als wenn es nicht existirt. Man kann geradezu sagen, dass immer dann, wenn das Urtheil „alle S sind P" (im Sinne eines einfachen, also negativen Urtheils) auf inductivem Wege gewonnen wird, die Behauptung der Existenz von S noch mit dazu kommt; dass es also zwei Urtheile sind, denen die Sprache durch die einfache Formel „alle S sind P" Ausdruck verleiht. Bedenkt man ferner, dass die Menschen solche allgemeine Urtheile gewiss viel häufiger auf inductivem**), als auf deductivem Wege gewonnen haben, dass sie Urtheile, wie „alle Hunde sind vierfüssig", „alle Steine gehen im Wasser unter" ohne Zweifel früher gefällt haben, als die Urtheile der Geometrie; so liegt auch die sprachgeschichtliche Vermuthung nicht fern, dass für die Formel „alle S sind P" das oben besprochene Doppelurtheil die ursprünglichere Bedeutung war.

Dies mochte wohl Sigwart im Auge gehabt haben, wenn er sagt: „Alle, womit das Subject des sogenannten allgemeinen Urtheils (Alle A sind B) verbunden ist, meint ursprünglich eine bestimmte Zahl, und ein Urtheil mit Alle setzt eine begrenzte Anzahl von zählbaren einzelnen Objecten voraus. Alle A sind B kann darum in seiner ursprünglichen Bedeutung nur in Beziehung auf bestimmtes Einzelnes ausgesprochen werden.***)

Der meistentheils (ursprünglich sogar durchwegs) zusammengesetzte Charakter der in Frage stehenden Urtheile ist Sigwart nicht entgangen. „Dass es viele A gibt", sagt er, „ist im Plural implicirt; dass es überhaupt A gibt, welche B sind, ist gleichfalls *implicite* mitgesetzt; aber um was es zu thun ist, worauf die Frage gestellt ist, welche von dem Urtheil beantwortet werden soll, ist, ob die A, denen B zukommt, alle sind, ob es keine Ausnahme gibt."†) Ebenso erkennt er, dass es hinwiederum Fälle gibt, in denen „von der wirklichen Existenz der Subjecte direct gar nicht geredet wird".††) Anstatt aber daraus zu schliessen, dass eine und dieselbe Aussageform einmal nur ein negatives Urtheil bedeutet, ein andermal nebst diesem auch noch ein affirmatives, und dass nur im ersteren Falle zur Aufstellung einer besonderen Classe einfacher Urtheile ein Anlass vorhanden ist,

* Vergl. unten §. 67.
** Oder vielmehr pseudo-inductivem; insofern sie nicht auf dem Wege der eigentlichen — logisch gerechtfertigten — Induction gewonnen wurden, sondern lediglich gewohnheitsmässige Generalisationen waren, die man nicht eigentlich als inductive Schlüsse bezeichnen kann.
*** Logik, I, pag. 209.
† Ibid., pag. 211.
†† Ibid., pag. 213.

sucht er den Unterschied in einem zweifachen Sinne der Allgemeinheit, in einer doppelten Bedeutung des Wortes „alle".

Ihm zu Folge kann „alle" ein Urtheil von „empirischer Allgemeinheit", aber auch ein „unbedingt allgemeines Urtheil" einleiten. Das erstere sei der Fall, wenn es „durch Betrachtung der Einzelfälle", das letztere, wenn es „durch Analyse der Subjectsvorstellung" gewornen werde. So könne das Urtheil „alle Planeten bewegen sich von West nach Ost um die Sonne" dadurch gewonnen werden, dass man die Bewegung der einzelnen Planeten untersucht — dann sei es von empirischer Allgemeinheit; es könne aber auch aus der Kant-Laplace'schen Hypothese deducirt werden — und diesfalls sei es, da die Bewegung von West nach Ost in die Bedeutung des Wortes Planet aufgenommen worden sei, ein analytisches im Sinne Kant's und als solches nicht mehr von blos empirischer, sondern von unbedingter Allgemeinheit; der Gedanke der Allgemeinheit sei im letzteren Falle secundär, insofern er aus dem (primären) Gedanken der Nothwendigkeit erst folge. Bei Urtheilen von empirischer Allgemeinheit sei die Existenz des Subjectes im Urtheil implicirt, nicht so bei Urtheilen von unbedingter Allgemeinheit (wie etwa bei den Urtheilen der Geometrie).

Fragen wir nun, was denn durch die Unterscheidung Sigwart's betroffen wird, das Urtheil selbst oder die Art seiner Erzeugung, beziehungsweise die Berechtigung, mit der es gefällt wird? Wenn Jemand auf Grund geometrischer Ueberlegungen zu dem Resultate gelangt, dass die Winkelsumme eines Dreiecks nie mehr noch weniger als 180° betragen kann, so hat er dieses Urtheil ohne Zweifel auf anderem Wege gewonnen, als Derjenige, welcher viele Dreiecke misst und die Resultate seiner Messungen zur Basis eines Inductionsschlusses macht, dessen Conclusion dann freilich auch heisst „jedes Dreieck hat zur Winkelsumme 180°". Ich kann aber nicht absehen, wieso der Eine damit etwas Anderes behauptet haben sollte, wie der Andere? Beide leugnen, dass es Dreiecke mit anderer Winkelsumme gibt; und lediglich die Frage könnte entstehen, ob sie es mit gleicher Berechtigung thun. Vielleicht darf der inductiv Vorgehende nur eine (wie immer grosse) Wahrscheinlichkeit des Satzes behaupten. Aber entweder ist er sich dessen bewusst oder nicht; im ersten Falle ändert sich die Materie des Urtheils — er behauptet dann nicht mehr das betreffende Winkelverhältniss, sondern nur die Wahrscheinlichkeit desselben; ist er sich aber dieser Einschränkung nicht bewusst, dann war sein Urtheil logisch nicht gerechtfertigt; aber gerechtfertigt oder nicht — es blieb doch immer dasselbe Urtheil! Ja an dem Sinne desselben würde sich auch dann nichts ändern, wenn es ganz ohne Beweis, völlig blind, gefällt würde. Die Weise also, wie das Urtheil erzeugt, und die Berechtigung, mit der es gefällt wird, das sind die Momente, die durch Sigwart's Unterscheidung betroffen werden. Ein descriptiver Unterschied ist von ihm nicht angegeben worden. Der im Urtheilsphänomen selbst (und nicht in etwaigen Antecedentien) liegende, also descriptive Unterschied, den Sigwart fortwährend durchfühlt, besteht — wie oben bemerkt — in Wahrheit darin, dass zu dem negativen Urtheil mit theilweise negativer Materie, das wir als das Wesentliche in der sogenannten universell bejahenden Aussage erkannt haben, manchmal (ja vielleicht in der Mehrzahl der Fälle) noch ein auf die Subjectsmaterie bezügliches affirmatives Urtheil hinzukommt. Die psychischen Antecedentien, die bald zu einem einfachen (negativen) Urtheil, bald zu einer Complication von Urtheilen führen (al o die genetischen Unterschiede), hat Sigwart sehr richtig charakterisirt; die descriptiven Unterschiede sind ihm entgangen, und so blieb er trotz vieler treffenden Bemerkungen doch wesentlich auf dem verfehlten Standpunkt, den die traditionelle Logik in der Lehre vom sogenannten universell bejahenden Urtheil eingenommen hatte.*)

Geringeren Schwierigkeiten begegnet die Untersuchung des von der alten Logik als „particulär verneinend" bezeichneten Urtheis (irgend ein S ist nicht P). Ist dieses Urtheil wahrhaft einfach, hat es also eine Qualität, so kann dieselbe nicht negativ sein. Das Urtheil würde ja dann lediglich verwerfen, während der Satz „einige Menschen sind nicht gesund" oder „irgend ein Mensch ist nicht gesund" ohne Zweifel die Behauptung, dass es einen Menschen gebe, involvirt. In Wahrheit gehört in derlei Urtheilen, wie Brentano nachgewiesen hat**), die Negation zur Materie und nicht zur Urtheilsfunction. Das fälschlich sogenannte particulär verneinende Urtheil anerkennt also in Wahrheit die Materie „nicht P seiendes S".

Anmerkung. Die unrichtige Lehre, derzufolge die Urtheile o negativ seien, steht übrigens in der bisherigen Logik nicht ganz unbestritten da. So gibt Hamilton dem Untersatze des *modus Baroco* die Form „Einige nicht-M sind S", dem Schlusssatze „Einige Nicht-P sind S", woraus er die Rückführbarkeit dieses Modus auf Darii zu erweisen sucht.***) Ganz deutlich hat De Morgan die affirmative Qualität von o erkannt†); Jevons ist ihm hierin gefolgt.††) Auch Lotze zweifelt hier an der Tradition; er findet manche Unzuträglichkeiten in der Lehre von der Conversion des „particulär verneinenden" Urtheils dadurch vermieden, „dass man im gegebenen Urtheile die Negation zum Prädicat schlägt und den nunmehrigen Satz: einige S sind Non-P nach Art der particulär bejahenden umkehrt in: einige Non-P sind S".†††)

§. 27. Kehren wir nun zu unserer Untersuchung über die Urtheilsquantität zurück. — Wir haben bereits gesehen, dass die Begriffe Universell und Particulär im Sinne der traditionellen Logik nur auf zweigliederige Urtheile Anwendung haben.

---

*) Um Missverständnissen vorzubeugen, erwähne ich, dass Unterschiede in der apodictischen oder assertorischen Urtheilsfällung (Unterschiede, die die Urtheilsfunction angehen) allerdings statuirt werden müssen; dass sie aber mit den oben namhaft gemachten nichts zu thun haben. Denn das Urtheil „alle S sind P" kann auch im Sinne eines wahrhaft einfachen (also negativen) Urtheils bald in apodictischer, bald in assertorischer Weise gefällt werden.

**) Psychologie. I, pag. 283.

***) *Lectures*. III. Bd., p. 438. Freilich wird der Werth obiger Bemerkung zweifelhaft, wenn wir Hamilton an anderer Stelle Ibid. p. 253 ganz wie Hobbes behaupten hören, jeder negative Satz lasse sich affirmativ darstellen. Vergl. die treffende Widerlegung J. St. Mill's in dessen Logik. Buch I, Cap. IV, §. 2.

†) Vergl. den Bericht bei Alex. Bain, *Logik* I, p. 91.

††) Vergl. z. B. „*Substitution of Similars*", p. 39.

†††) Logik. 2. Aufl., pag. 106.

Da wir weiter erkannt haben, dass die Zweigliedrigkeit gar nicht zu den nothwendigen Merkmalen des Urtheils gehört, schlossen wir, dass jene Eintheilung der alten Logik sich auf keine aus der psychologischen Analyse des Urtheils als solchen fliessende Momente gründe und überhaupt nicht allgemein gelte. Es entsteht nun die Frage, was denn die Ausdrücke Universell und Particulär (im Sinne der Schullogik) unter Voraussetzung der idiogenetischen Theorie eigentlich zu bedeuten haben?

Die Schullogik nannte das Urtheil „kein S ist P" (= „S P ist nicht") deswegen universell, weil das P dem S nach dessen ganzem Umfange abgesprochen wird; dies heisst aber nichts Anderes als: jenes Urtheil („kein S ist P") schliesst aus, dass es S gebe, die P sind. Dies ist allerdings richtig; nur muss bedacht werden, dass der Ausdruck Universell in diesem Sinne nichts anderes als eine auf einer Relation gegründete Eigenschaft jenes Urtheils bedeutet; derartige „Eigenschaften" (wenn man sie überhaupt so nennen will) betreffen aber nicht — wie etwa die Qualität — die psychologische Natur des Phänomens selber. Jeder merkt wohl den Unterschied, wenn ich einmal sage: es ist eine Eigenschaft des Zinnobers, roth zu sein; und ein andermal: es ist eine Eigenschaft des Zinnobers, eine andere Farbe zu haben als das Veilchen! — Desgleichen lässt sich die-jenige Eigenschaft der Urtheile a, welche darin bestehen soll, dass P dem S nach dessen ganzem Umfange zugesprochen wird (vermöge welcher „Eigenschaft" das Urtheil eben universell genannt wird) auf eine blosse Relation zurückführen. Wenn nämlich die Materie „nicht P seiendes S" geleugnet wird — und dies ist ja der Sinn des Urtheils a — so schliesst diese Leugnung aus, dass es ein S gibt, welches nicht P ist.

Ganz ähnlich verhält es sich mit dem Begriffe Particulär im üblichen Sinne. Die Logik nennt das Urtheil „irgend ein S ist P" (= „es gibt ein S P") particulär und will damit sagen, es schliesse dasselbe nicht aus, dass es auch S gebe, die nicht P sind. Das heisst also nichts anderes als: particulär ist das Urtheil „es gibt ein S P" deswegen, weil es mit dem Urtheil „es gibt ein S, das nicht P ist" vereinbar ist, ihm nicht wider-spricht. Analoges wäre dann auch von dem Urtheile o zu sagen.

Universell also und Particulär (im hergebrachten Sinne) sind Relationseigenschaften zweigliedriger

Urtheile; das entsprechende Eintheilungsprincip ist auf die Classe der Urtheile im Allgemeinen nicht anwendbar.

§. 28. In einem gewissen Sinne, der aber von dem hergebrachten weit abweicht, kann man die Urtheile allerdings in universelle und particuläre scheiden. Hiebei wird aber (in einer sofort zu erklärenden Weise) das Ganze der Urtheilsmaterie in Betracht gezogen. Sobald nämlich die Materie überhaupt einen Umfang hat, d. h. sobald ihr eine Mehrheit von Individuen entsprechen kann, ist es sicher, dass durch die Verwerfung der Materie sämmtliche Individuen, die ihr entsprechen können, geleugnet sind; hingegen involvirt die Anerkennung einer derartig allgemeinen Materie nicht die Anerkennung aller Individuen, die ihr möglicherweise entsprechen können. Das Urtheil „es gibt kein A" leugnet alle Individuen, die A sind, also A B, A C . . . Das Urtheil „es gibt A" hingegen anerkennt noch nicht A B, A C . . . In diesem Sinne kann gesagt werden, dass die verwerfenden Urtheile den ganzen Umfang des zu Grunde liegenden Begriffs (der Materie) verwerfen, während die anerkennenden Urtheile nicht den ganzen Umfang der allgemeinen Materie anerkennen. Will man nun, je nachdem der ganze Umfang beurtheilt wird oder nicht, von universellen, beziehungsweise particulären Urtheilen reden, so würde sich das Gesetz ergeben, dass (unter Voraussetzung einer allgemeinen Materie, d. i. also dann, wenn überhaupt von einem Umfange gesprochen werden kann) die negativen Urtheile universell, die affirmativen particulär sein müssen. — Ich brauche wohl kaum nochmals darauf hinzuweisen, dass die Worte Universell und Particulär in diesem Sinne nicht mit den gleichlautenden Bezeichnungen der Schullogik identisch sind, da es sich jetzt um den Umfang der ganzen Urtheilsmaterie und nicht um ein Verhältniss zwischen den Umfängen des Subjectes und Prädicates handelt.*)

*) Wie schon früher bemerkt, ist die Scheidung der Urtheile in universelle und particuläre — im Sinne der alten Logik — nur auf zweigliedrige, nicht aber auf alle Urtheile anwendbar. Trotzdem ist ein gewisser Zusammenhang zwischen dem „Particulär" im alten und dem im neuen Sinne nicht in Abrede zu stellen. Das Urtheil „M ist" haben wir (in dem von der Tradition abweichenden Sinne) particulär genannt, weil es die Materie M nicht nach ihrem ganzen Umfange bejaht, d. h. weil es wahr ist, auch wenn nur ein M existirt. Wird nun die

Unter diesem Gesichtspunkte also ist jedes negative Urtheil universell, jedes affirmative particulär, und zwar ist es universell, w e i l es negativ, und particulär, w e i l es affirmativ ist. Universell und Particulär sind also Folgemerkmale der Qualität.

§. 29. Fassen wir das Gesagte zusammen, so dürfen wir behaupten: e r s t e n s, dass von den zwei Eintheilungsgründen der alten Logik — insofern sie das Urtheilsphänomen selbst betreffen sollen — nur der der Q u a l i t ä t aufrecht erhalten werden kann ; z w e i t e n s, dass im Hinblick auf diese die Urtheile a und e als negativ, i und o als affirmativ bezeichnet werden müssen; d r i t t e n s, dass die Unterschiede der Quantität im hergebrachten Sinne nicht fundamentale, sondern blos relative Eigenschaften gewisser (der zweigliedrigen) Urtheile betreffen; v i e r t e n s, dass sich die Affirmation nicht auf den ganzen, die Negation jedoch auf den ganzen U m f a n g der Materie erstreckt und dass i n d i e s e m S i n n e der particuläre Charakter eine Folgeeigenschaft der affirmativen, der universelle eine Folgeeigenschaft der negativen Qualität ist.

Schliesslich gilt das Gesagte nur dann, wenn die Urtheilsmaterie nicht individuell ist.

Urtheile mit universeller und mit singulärer Materie.

§. 30. Die Einschränkung, die wir am Schlusse des vorigen Paragraphen machen mussten, führt uns sofort zu der Frage, worin der Unterschied zwischen Urtheilen mit singulärer und solchen mit universeller Materie gelegen sei.

In terminologischer Beziehung muss hier zunächst erwähnt werden, dass es sich nicht empfiehlt, Urtheile mit universeller Materie als universelle (oder allgemeine) Urtheile zu bezeichnen, da dieser Name im Sprachgebrauche der Logiker bereits eine andere Bedeutung besitzt; er steht dort im Gegensatze zu „Particulär", während sowohl die universellen als auch die particu-

---

Materie zweigliedrig, so müssen wir wieder sagen: das Urtheil „A B ist" ist particulär, weil es wahr ist, auch wenn nur e i n A B existirt. Uebersetzen wir dies sozusagen in die Sprache der Umfangsverhältnisse, so können wir sagen: das Urtheil „A B ist" ist particulär, weil es wahr ist, wenn nur die Umfänge von A und B nicht ganz auseinanderfallen. In diesem letzteren Sinne nennt aber die alte Logik ein solches Urtheil particulär. Das Merkmal „Particulär" im a l t e n Sinne fliesst also aus dem im n e u e n, wenn die Bedingung der Zweigliedrigkeit eingeführt wird.

lären Urtheile der alten Logik Urtheile mit universeller Materie sind. Derartige Aequivocationen müssen natürlich vermieden werden. Ein Urtheil ist dann singulär, wenn seine Materie individuell ist, d. h. wenn ihr nur Ein Individuum entsprechen kann; können der Materie mehrere Individuen entsprechen, so ist sie allgemein. Unter Materie aber ist nicht der Gegenstand selbst, sondern der beurtheilte Gegenstand als beurtheilter (und natürlich auch vorgestellter) zu verstehen.

Von der Beschaffenheit dieses letzteren hängt es ab, ob der Gegenstand selbst nur ein einziger ist oder ob deren mehrere bestehen können. Ist die Materie z. B. ein Concretum, so enthält sie — dies liegt ja im Begriffe des Concreten — alle zur Individualisirung nöthigen Bestimmungen und nur ein Gegenstand kann ihr entsprechen. Handelt es sich etwa um ein physisches Phänomen, so wird durch die Bestimmtheit der sinnlichen Qualität, der etwaigen Intensität, der räumlichen Lage, Ausdehnung und Gestalt die Materie vollständig individualisirt; und nur ein Gegenstand kann ihr entsprechen. Fehlt aber unter sonst gleichen Umständen eine dieser Bestimmungen, so ist die Materie nicht individualisirt und die bezügliche Affirmation lässt es unbestimmt, wie viele Gegenstände der Materie entsprechen.

Eine concrete Materie ist immer individualisirt und das betreffende Urtheil daher immer ein singuläres. Hingegen hat nicht jedes singuläre Urtheil eine concrete Materie, denn auch ein Abstractum kann individuell sein und daher Grundlage eines singulären Urtheils werden. So ist „Röthe", „Kugelgestalt" u. dergl. ein Abstractum und zugleich nicht-individualisirt, hingegen „diese Röthe", „jene Kugelgestalt" zwar auch abstract, aber individualisirt, indem die Demonstrativa darauf hinwiesen, dass das dem Begriff Röthe, Kugelgestalt u. dergl. Entsprechende nur in einer einzigen Weise zu einem Concretum ergänzt wird.

Fehlt die Individualisirung, so kann der Materie ein, es können ihr aber auch mehrere (natürlich immer concrete und somit individuelle) Gegenstände entsprechen; die Vielheit ist hier ebenso möglich und ebenso wenig nothwendig wie die Einheit. Die Möglichkeit einer Vielheit von Gegenständen ist also eine Folge des Mangels an Individualisation in der Materie.

Ein Missverständniss in Betreff der Natur des singulären Urtheils ist hier noch auszuschliessen.

In vielen Lehrbüchern der Logik findet man die Forderung ausgesprochen, im singulären Urtheil müsse das Subject ein individueller Begriff sein. Dies ist unrichtig; denn nicht auf die Individualisirung des Subjectes kommt es an, sondern auf die der ganzen Materie. Das Prädicat kann oft zu einem für sich nicht individualisirten Subjecte gerade jene Bestimmungen hinzubringen, welche es individualisiren. Das Urtheil ist dann trotz des nicht-individuellen Subjectes dennoch singulär. Bei Prädicaten wie „ist hier". „liegt dort" ist dies augenscheinlich der Fall (vergl. unten §. 33).

§. 31. Anmerkung. Zwei verschiedene Eintheilungsprincipien werden also massgebend gemacht, wenn man die Urtheile einerseits in singuläre und nicht-singuläre, andererseits in universelle und particuläre scheidet. Das Princip der ersten Eintheilung ist die Individualisirung oder Nicht-Individualisirung der Materie. Die Urtheile mit nicht individualisirter Materie zerfallen vom Standpunkte der Qualität in affirmative und negative; die ersteren sind particulär, die letzteren universell, sowohl im Sinne der Schullogik, wie auch unter dem Gesichtspunkte des Umfanges der ganzen Materie (vergl. pag 47 f.). Viele Logiker haben nach Kant's Vorgang universelle, particuläre und singuläre Urtheile coordinirt, indem sie übersahen, dass es sich hier um zwei Eintheilungen handelt. Die daraus erwachsenden Schwierigkeiten zeigen sich recht deutlich in der Behandlung des singulären Urtheiles. Zunächst war klar, dass, wenn man die Urtheile in universelle und particuläre schied, je nachdem das Prädicat dem Subjecte seinem ganzen Umfange oder nur einem Theile seines Umfanges nach zu- oder abgesprochen wird, für eine dritte Species kein Platz mehr vorhanden war. Diese Ueberlegung musste zu dem Versuche führen, die singulären Urtheile in jener dichotomischen Classification irgendwie unterzubringen. So haben denn einige Logiker versucht, sie ganz den universellen Urtheilen einzuordnen, während sie andere in zwei Classen zerfallen lassen, von denen die eine den universellen, die andere den particulären Urtheilen zugehören soll. Die Vertreter der ersteren Ansicht gehen von der Ueberlegung aus, dass in jedem singulären Urtheil der Umfang des Subjectes mit Einem Individuum erschöpft sei und somit das Prädicat dem Subjecte wirklich nach dessen ganzem Umfange zu- oder abgesprochen werde. Die Vertreter der letzteren Ansicht behaupten dasselbe wenigstens in Ansehung einer gewissen Classe singulärer Urtheile. Aber offenbar hatte man sich auf diese Weise nur zum Schein jener unbequemen Instanz gegen das hergebrachte Eintheilungsprincip entledigt. Wie kann man nämlich von einem „ganzen Umfang" sprechen, der doch seiner Natur nach gar keine Theile haben kann? Steht dem „ganzen Umfang des Begriffes Sokrates" etwa ein „partieller Umfang" entgegen? Was wäre unter jenem particllen Umfang zu denken? Man versuche doch die Definition des Begriffes „Umfang" — die Gesammtheit der Arten oder Individuen, welche die Merkmale eines gegebenen Begriffes an sich haben — auf den „Umfang des Begriffes

Sokrates" anzuwenden „Die Gesammtheit der Individuen, die Sokrates sind?"
Dies hat wohl keinen Sinn, da es im Begriffe Sokrates liegt, dass es eine solche
Gesammtheit nicht gibt. Also muss man sagen: „Sokrates bildet den Umfang des
Begriffes Sokrates." Und nun gar noch den ganzen Umfang, wo es in sich absurd
ist, von einem Theile zu reden! Dies hat wohl Drobisch richtig erkannt,
wenn er sagt: „Nicht ohne Härte ist es, zu sagen, dass ein Individuum seinen
ganzen Umfang darstelle, da es vielmehr, weil keine Arten, so keinen Umfang
hat" *); und ähnlich hat schon Kant betont, dass im singulären Urtheil „ein Begriff,
der gar keine Sphäre hat", als Theil unter die Sphäre eines anderen beschlossen
werde **), und demgemäss hat er das singuläre Urtheil als eigene Species dem
universellen und particulären an die Seite gestellt.

Wie schon bemerkt, hatten andere Logiker (wie Herbart und Ueberweg) nur eine bestimmte Art singulärer Urtheile unter die universellen subsumirt,
nämlich Urtheile „mit bestimmtem Subject", also mit einem Subject, dem sprachlich
ein *nomen proprium* oder ein gleichwerthiger Ausdruck entspricht; singuläre
Urtheile, deren Giltigkeit durch den unbestimmten Artikel auf einen einzigen, nicht
näher bezeichneten Fall beschränkt wird, rechnen sie dann zu den particulären.***)

Was nun die letzteren Urtheile anlangt, so sind sie entweder rein particulär,
wie wenn ich sage: ein Mensch ist krank, im Sinne von: irgend ein Mensch ist
krank, was nicht ausschliesst, dass mehr als ein Mensch krank ist — oder, falls
der Sinn des Satzes es ausschliesst, an eine Mehrheit zu denken, sind sie von
gleicher Art mit denjenigen Urtheilen, deren Subject ein *nomen proprium* ist. Die
Sätze „Fust war der Erfinder der Buchdruckerkunst" und „ein Deutscher war der
Erfinder etc." müssten nach Herbart und Ueberweg verschiedenen Classen eingeordnet werden, während doch, wie Hamilton (der sich dieses Beispiels bedient)
richtig bemerkt, dem Subjecte des einen wie des andern Urtheils ein einziger
Gegenstand entspricht. †) Wer sieht nicht, dass hier Dinge getrennt werden, die
ihrer Natur nach zusammengehören?

Es zeigt sich also, dass weder der Standpunkt Derjenigen, welche die
singulären Urtheile unter die universellen subsumiren wollen, noch Derjenigen,
welche sie theils den universellen, theils den particulären beizählen, als haltbar
zu betrachten ist.

Der Wahrheit näher kommt gewiss J. St. Mill, wenn er diejenigen Urtheile
als singulär bezeichnet, deren Subjecte ein singulärer Name ist. ††) Genügend ist
diese Bestimmung jedoch auch nicht; denn nicht der Name ist das Subject, sondern
das durch den Namen Bezeichnete. Es bleibt also immer noch die Frage nach
der Beschaffenheit der Materie zurück, um derentwillen der Name (also etwas
dem Urtheil ganz Aeusserliches) singulär genannt wird.

§. 32. Blicken wir auf das Gesagte zurück, so ergibt sich,
dass auch wir eine doppelte Eintheilung der Urtheile aner-

---

* „Neue Darstellung der Logik." 3. Aufl., pag. 49.
** Logik. I. Allg. Elementarlehre. §. 21. Edit. Hartenstein. I, 432.
*** Vergl. Herbart, Lehrb. z. Einl. i. d. Philos., §. 62, und Ueberweg, Syst. d.
Log., pag. 215.
† *Lectures on Metaphysics and Logic, ed. by Mansel and Veitch.* III. Vol., p. 247.
†† Syst. d. ded u. ind. Log., Buch I, Cap. IV, §. 4.

kennen müssen: eine nach der Qualität, eine andere nach dem Gesichtspunkte der Individualisation der Materie.

Aus der Kreuzung beider Eintheilungen ergibt sich eine Scheidung der Urtheile nach vier Classen:
1. Affirmative Urtheile mit individueller Materie;
2. Negative Urtheile mit individueller Materie;
3. Affirmative Urtheile mit nicht-individueller Materie;
4. Negative Urtheile mit nicht-individueller Materie.

Wir sehen sofort, dass von den vier Classen, welche die alte Logik aufgestellt hatte, sich keine einzige mit einer unserer Urtheilsclassen deckt. Die Classen 1. und 2. hatte die Schullogik als eine Art Annex zu den Urtheilen a, respective e betrachtet, ohne die bedeutenden Unterschiede, die in Wahrheit bestehen, nach Gebühr zu würdigen. Die Classe 3. umfasst die Urtheile i und o; die Classe 4. die Urtheile a und e — nach der Be· zeichnung der traditionellen Logik.

§. 33. Es erübrigt nun noch ein paar Worte über den sprachlichen Ausdruck der vier Urtheilsclassen zu sagen, soweit derselbe geeignet ist, die wahre Natur der betreffenden Urtheile zu verbergen, ja geradezu falsche Meinungen über Qualität und Materie derselben zu erwecken.

In Betreff der singulären Urtheile (d. i. der Urtheile mit individueller Materie) ist bereits erwähnt worden, dass durchaus nicht immer das Subject der Täger des Individualitätsmomentes sein muss; es wird daher auch keineswegs nothwendig sein, dass im sprachlichen Ausdrucke des singulären Urtheils ein *nomen proprium* oder auch nur ein Einzelname die Subjects·stelle einnehme, und ebensowenig braucht dies beim Prädicate der Fall zu sein.*) Besonders geeignet, den singulären Charakter zu verbergen, ist die Verbindung des Subjectes mit dem unbe·stimmten Artikel, weil gerade dieser die meiste Anwendung beim nicht-singulären Urtheil findet. Die Individualisirung der Materie kann, wie früher bemerkt, durch andere Satztheile als durch das grammatische Subject für sich geschehen, so z. B. durch das Prädicat. Sehr häufig sind es überdies adver·biale Bestimmungen des Ortes und der Zeit, die die Materie individualisiren. Wenn ein Physiker, auf eine bestimmte Stelle

---

*) Vergl. pag. 51.

des Spectrums deutend, seinen Zuhörern sagt: „Hier liegt eine
F r a u n h o f e r'sche Linie", so hat er damit ein singuläres Urtheil
ausgesprochen — trotz des unbestimmten Artikels. Aehnliches
leisten Zeitbestimmungen, sei es dass sie durch eigene adver-
biale Ausdrücke, sei es dass sie durch die blosse Temporalform des Verbums sich kenntlich machen. Im Besonderen sei
hier erwähnt, dass der Präsensform des Verbums (beziehungsweise der Copula) eine zeitliche Bestimmung nicht nothwendig
anhaftet. Die Zeichen „ist", „sind" u. dergl. sind in über-
wiegender Häufigkeit blosse Zeichen der Urtheilsfunction, so
dass, wenn die Materie nicht anderwärts zeitlich bestimmt ist,
die Präsensformen der Copula oder des Verbs eine solche Bestimmtheit im Allgemeinen nicht enthalten. Besonders deutlich
wird dies bei negativen Urtheilen: „kein Dreieck h a t eine
grössere Winkelsumme als 2 R" schränkt die Giltigkeit des bekannten Lehrsatzes nicht auf gegenwärtige Dreiecke ein. In
welchen Fällen die Präsensform ein zeitliches Moment enthält,
darüber müssen die Umstände, unter denen der Satz ausgesprochen wird, entscheiden, so namentlich der Zusammenhang
der Rede. Anders steht es, wenn Copula oder Verbum in einer
anderen Temporalform als im Präsens auftreten; sie vereinigen
dann immer den Ausdruck für die Urtheilsfunction mit einer
der Materie zugehörigen Zeitbestimmung und diese letztere
kann unter Umständen eine sonst unbestimmte Materie zu einer
bestimmten und damit das Urtheil zu einem singulären machen.

Auch der Ausdruck der Urtheile 3. und 4. hat zu viel-
fachen Irrthümern Anlass gegeben. In Bezug auf die Qualität
ist zu bemerken, dass das der Copula oder dem Verbum unmittelbar folgende Wörtchen Nicht keineswegs immer ein Zeichen
der negativen Qualität ist, sondern häufig eine in der Materie
liegende Negation bedeutet. Wie wir bereits bemerkten, hat
B r e n t a n o*) gezeigt, dass dies bei denjenigen Urtheilen der
Fall ist, die die alte Logik fälschlich als particulär v e r n e i-
n e n d e bezeichnet. Auch auf die in Wahrheit negative Qualität
der Urtheile a (der „allgemein bejahenden" nach der Bezeichnung der Schullogik) wurde bereits hingewiesen.

Die traditionelle Logik hat, wie wir wissen, auch Unterschiede der Quantität statuirt, indem sie die unter 3. fallenden

---

*) Psychologie v. emp. Standp. I. Bd., pag. 283 ff.

Urtheile (i und o) als particulär, die unter 4. fallenden (a und e) als universell bezeichnet. Ueber die Berechtigung einer p s y c h o - l o g i s c h e n Scheidung nach dem Gesichtspunkte der Quantität haben wir uns bereits ausgesprochen. Hier erübrigt nur Einiges über den sprachlichen Ausdruck der sogenannten particulären Urtheile (d. i. der affirmativen Urtheile mit nichtindividualisirter Materie) anzufügen. Die Formel „Einige S sind P", respective „Einige S sind nicht P", welche in den logischen Compendien fast durchgehends als Ausdruck für die particulären Urtheile figurirt, ist durchaus unzutreffend; sie verdankt ihre Entstehung einer irrigen Ansicht über den psychologischen Charakter der in Rede stehenden Urtheile und hat ihrerseits wieder dazu beige- tragen, ihn auch den Blicken gewandter Analytiker zu entziehen.

Zuvörderst schliesst „Einige" nach dem allgemeinen Sprach- gebrauche das „Alle" aus; nicht e i n i g e Metalle, sagt man diesem zu Folge, gehören in's Mineralreich, sondern a l l e. Dann aber bezeichnet „Einige" eine (wenn auch unbestimmte) Viel- heit und schliesst daher die Einheit aus. Nicht e i n i g e Metalle, sagt man, sind bei gewöhnlicher Temperatur flüssig, sondern nur E i n e s (das Quecksilber). Keine der beiden Einschränkungen trifft für die particulären Urtheile der alten Logik, d. i. also für die affirmativen Urtheile mit nicht-individueller Materie, zu. Die traditionelle Logik hat dies richtig erkannt, indem sie in der Lehre von den Urtheilsverhältnissen das Urtheil i nicht in Gegen- satz zu a bringt, noch auch o in Gegensatz zu e; andererseits aber auch ausdrücklich lehrt, dass unter „einigen S" vielleicht auch nur E i n S verstanden werden könne, wie sich dies aus der wahren Charakteristik dieser Urtheile von selbst ergibt. Nun wäre an sich gegen eine derartige Verschiebung des Sprachgebrauches nicht viel einzuwenden, wenn man sich derselben nur durch- gängig bewusst geblieben wäre und den neuen Gebrauch des Wortes „Einige" consequent festgehalten hätte. Durch die Macht der Gewohnheit getrieben, verfiel man aber unwillkürlich in den alten Sprachgebrauch zurück und stellte über die particu- lären Urtheile Behauptungen auf, die nur unter Voraussetzung jenes alten und allgemein üblichen Gebrauches Geltung haben konnten.

Ein flüchtiger Blick auf die Lehre von der C o n v e r s i o n der Urtheile wird uns davon überzeugen.

Es war eine unbestrittene Lehre der traditionellen Logik, dass die sogenannten particulär bejahenden Urtheile (i) simpliciter convertibel seien. Erst T r e n d e l e n b u r g hatte zu zweifeln begonnen, ob denn diese Conversion durchgehends zulässig sei? *) Seiner Meinung nach ist es sinnlos, das Urtheil „Einige Parallelogramme sind Quadrate" zu convertiren in „Einige Quadrate sind Parallelogramme", da doch alle Quadrate Parallelogramme sind.**) Er schränkt daher die *conversio simplex* der Urtheile i auf jene Fälle ein, in welchen das Prädicat des zu convertiren·den Urtheils ein blosses Accidens und keine substantielle Art des Subjectes ausspricht. — Auch Friedr. Alb. L a n g e nimmt an derartigen Conversionen Anstoss.***) In der That kann man in der einfachen Conversion s o l c h e r particulär bejahenden Urtheile Schwierigkeiten finden, die ihrerseits selbst wieder durch *conversio per accidens* aus allgemein bejahenden Urtheilen entstanden sind. Das Urtheil „Alle Dreiecke sind Polygone" lässt sich nach den Regeln der alten Logik *per accidens* convertiren in „Einige Polygone sind Dreiecke"; dieses letztere Urtheil aber convertirt die alte Logik wieder simpliciter in „Einige Dreiecke sind Polygone" und gelangt so, wenn L a n g e Recht hat, zu einem „offenbar unrichtigen Satz". Hätten T r e n d e l e n b u r g und L a n g e sich klar gehalten, dass die Formel „Einige S sind P" nur dann ein adäquater Ausdruck für ihr particulär bejahendes Urtheil ist, wenn man — den alten Sprachgebrauch aufgebend — in dem Worte „Einige" keinen Gegensatz zu „Alle" sieht, so würden sie an den obigen, in Wahrheit ganz richtigen Conversionen schwerlich Anstoss genommen haben.

Aber nicht nur dies. Wir glauben vielmehr, dass die Anwendung des Wortes „Einige" †), auch wenn man sich in der angedeuteten Weise vom allgemeinen Sprachgebrauch entfernt, den wahren Sinn derjenigen Urtheile nicht wiedergibt, welche die alte Logik (freilich auch nicht sehr glücklich) als particuläre bezeichnet. Denn wie man auch die Bedeutung jenes

---

*) Logische Untersuchungen, Bd. II, pag. 333 ff.

**) In ähnlichem Sinne spricht sich auch L o t z e aus. Vergl. seine Logik, pag. 105.

***) Logische Studien, pag. 59.

†) Ebenso wie die des Wortes „Etliche", welches W o l f f für die particulären Urtheile gebraucht.

Wortes modificiren mag, den Begriff einer unbestimmten Quantität wird man ihm auf alle Fälle lassen müssen. Hierin aber liegt schon ein Moment, welches den Urtheilen unserer dritten Classe (sc. den affirmativen mit nicht-individueller Materie) nicht eigen ist. Was diese Urtheile charakterisirt, ist, wie schon früher bemerkt, ausser der affirmativen Qualität die Unbestimmtheit der Materie, nicht aber die unbestimmte Vielheit. Insoferne, wenn die Materie nicht individualisirt ist, die Anerkennung nichts darüber sagt, ob der Inhalt in einer Weise oder in mehreren individualisirt vorkomme, ist die Vielheit allerdings möglich, aber nicht nothwendig. Aber auch diese blosse Möglichkeit einer Vielheit kann höchstens als eine Art secundäres Merkmal der fraglichen Urtheilsclasse angesehen werden, insoferne sie aus der nicht-individualisirten Materie und der affirmativen Qualität, als aus den primären Merkmalen solcher Urtheile, hervorgeht.

In der kategorischen, wie in der existentialen Ausdrucksweise solcher Urtheile ist die Anwendung des Wortes „Irgend ein" (quelque, some) entschieden vorzuziehen; denn dieses Wort bezeichnet gerade die unvollkommene Bestimmtheit der Materie, also eben das, was die hier betrachteten Urtheile auszeichnet. Es schliesst die Vielheit ebensowenig aus, als es sie involvirt.

Anmerkung. Die Anwendung des Wortes „Einige" wird besser auf die-jenigen Fälle beschränkt, in welchen die Materie des Urtheils wirklich ein unbe-stimmtes Collectiv ist. Da ein unbestimmtes Collectiv jedenfalls keine individualisirte Materie ist, so gehören derartige Urtheile, für die die Formel „Einige S sind P" in der That die passende ist, zwar auch zu den „particulären" Urtheilen (zu den Urtheilen 3.) sie bilden jedoch nur einen Theil derselben.

In Betreff der Urtheile 4., d. i. der negativen Urtheile mit nicht-individueller Materie, ist schon erwähnt worden, dass, falls die Prädicatsmaterie negativ ist, das Urtheil in der Form „Alle S sind P" ausgedrückt werden kann, eine Form, welche sehr geeignet ist, die negative Qualität zu verhüllen. In erhöhtem Masse aber ist dies noch bei zwei weiteren Aussageweisen der Fall; ich meine die Formeln „das S ist ein P" und „ein S ist ein P", wie wenn ich sage, „der Mensch ist sterblich", „ein Quadrat ist ein Viereck mit gleichen Seiten und gleichen Winkeln". Beide Urtheile sind von negativer Qualität und theilweise negativer Materie; das eine leugnet die Materie „nicht-sterblicher Mensch", das andere die Materie „Quadrat, welches kein Viereck mit gleichen Seiten und gleichen Winkeln ist". In der Form „ein S ist ein P" treten meistentheils die analytischen Definitionen auf. — Aussagen, in denen das Subject mit dem unbestimmten Artikel verbunden ist, kommen uns hier bereits zum dritten Male unter; sie können singuläre Urtheile bezeichnen, dann aber auch affirmative und (wie wir soeben gesehen haben) negative Urtheile mit unbestimmter Materie.

Diese, freilich nicht annähernd erschöpfenden Bemerkungen mögen zur Klarstellung der wichtigsten Fälle dienen, in welchen der wahre Sinn eines Urtheils durch den sprachlichen Ausdruck verdeckt wird.

—

III. CAPITEL.

Von den Schlüssen aus einer einzigen Prämisse, den sogenannten unmittelbaren Folgerungen.

§. 34. Durch die bisherigen Darlegungen glauben wir die idiogenetische Urtheilstheorie gegen die wesentlichsten Einwände vertheidigt und die unmittelbaren Consequenzen, welche dieselbe für die psychologische Beschreibung und — im Zusammenhange damit — für die Classification der Urtheile hat, gezogen zu haben. Hiemit sind die Bedingungen erfüllt, welche uns in Stand setzen, an eine Untersuchung über die sogenannten unmittelbaren Folgerungen heranzutreten.

Wir lassen dieselbe der Betrachtung über die kategorischen Syllogismen vorangehen, einmal, weil die Schullogik seit Aristoteles das Princip der kategorischen Syllogismen in dem sogenannten *dictum de omni et nullo* sieht, welches ja nichts Anderes, als eine einzelne Art der unmittelbaren Folgerungen, nämlich der sogenannte Schluss *ad subalternatam* ist [*]), dann aber weil auch wir zur Deduction der kategorischen Syllogismen gewisser, wenn auch anderer, unmittelbarer Folgerungen bedürfen.

Man wünscht vielleicht an dieser Stelle eine Voruntersuchung über die Frage, ob die „unmittelbaren Folgerungen"

---

[*]) Die beiden Sätze, welche das *dictum de omni et nullo* ausmachen, lauten bekanntlich: *quidquid valet de omnibus, valet etiam de quibusdam et singulis; quidquid valet de nullo, neque valet de quibusdam neque de singulis.*

in Wahrheit Folgerungen, also Fortschritte in der Erkenntniss, oder aber vielleicht blosse Aenderungen des sprachlichen Ausdruckes seien? In der That sind auch hier die Meinungen der Logiker getheilt. Alex. B a i n z. B. sieht in ihnen nur „*a transition from one wording to another wording of the same fact*".*) Ueberweg sucht die Tradition zu wahren, wenn er betont, eine Unmittelbarkeit bestehe nicht in dem Sinne, „dass es, um das abgeleitete Urtheil zu gewinnen, nicht einer Denkthätigkeit bedürfte".**) Eine Erörterung dieser Frage ist jedoch hier noch nicht am Platze. E i n m a l nämlich ist nicht ausgemacht, dass a l l e jene Processe, die die Logik als unmittelbare Folgerungen bezeichnet, entweder Fortschritte in der Denkthätigkeit oder nur Aenderungen des Ausdruckes sind. Die Entscheidung könnte für die verschiedenen Arten jener Folgerungen verschieden ausfallen, und nur die Betrachtung jeder einzelnen Art für sich würde uns dann über den wahren Sachverhalt belehren. D a n n aber ist es fraglich, ob die unmittelbaren Folgerungen der Schullogik überhaupt alle richtig sind; sind in ihrer Zahl auch unrichtige enthalten, so werden gerade diese den Schein erwecken, als finde ein Fortschritt in der Erkenntniss statt. Auch unter diesem Gesichtspunkte muss eine Untersuchung der einzelnen Arten nothwendig vorausgehen.

Fragen wir also zunächst, wie weit die Regeln für die unmittelbaren Schlüsse, welche die herkömmliche Logik gibt, vom Standpunkte der neuen Urtheilstheorie aufrecht erhalten werden können? B r e n t a n o hat die wichtigsten der diesbezüglichen Consequenzen bereits in seiner Psychologie angedeutet***) ; uns erübrigt an dieser Stelle nur, dem Leser seine Bemerkungen wieder in Erinnerung zu bringen und mit einigen ergänzenden Worten den nothwendigen Zusammenhang derselben mit den grundlegenden Lehren über die Natur des Urtheils herzustellen.

§. 35. Beginnen wir mit der sogenannten C o n v e r s i o n. Wenn bei der einfachen kategorischen Aussage die Zerfällung der Materie in Subject und Prädicat nur Sache des sprachlichen

---

*) Logic. Part. I, p. 108.
**) Syst. d. Log., pag. 225.
***) I. Bd., pag. 304—305.

Ausdruckes ist, so fragt sich, was nunmehr die Conversion überhaupt bedeutet:

Demselben einheitlichen Inhalt, der durch die Formel S P ausgedrückt wird, entspricht offenbar auch die Formel P S; das Urtheil also, welches den Gegenstand S P anerkennt oder verwirft, ist mit dem Urtheile, welches den Gegenstand P S anerkennt oder verwirft, ohne Zweifel identisch (und nicht etwa bloss äquivalent). Nun stellen die kategorische Aussage „S ist (nicht) P" und die kategorische Aussage „P ist (nicht) S" beide nichts Anderes dar, als die Anerkennung (Verwerfung) des Gegenstandes S P oder P S — was ja dasselbe ist. Es ist also jede einfache kategorische Aussage s i m p l i c i t e r c o n v e r t i b e l; und weiter folgt, dass diese Conversion in keiner Weise das U r t h e i l, sondern lediglich dessen s p r a c h l i c h e n A u s d r u c k betrifft.

Die *conversio simplex* wurde von der Schullogik allein auf die Urtheile e und i eingeschränkt. Dies geschah. weil man die wahre Materie der Urtheile verkannte. Würde das Urtheil „alle P sind S", simpliciter convertirt, lauten „alle P sind S", dann hätte die traditionelle Logik Recht, wenn sie eine derartige Conversion für unzulässig erklärt*); in Wahrheit heisst das Urtheil „alle S sind P" so viel, wie „kein S ist Nicht-P" und dieses letztere kann ohne Weiteres convertirt werden in „kein Nicht-P ist S". Erkennt man ferner, dass die Urtheile o („einige S sind Nicht-P") eine theilweise negative Materie affirmiren — nämlich die Materie „Nicht-P seiendes S" —, so wird man auch hier an der *conversio simplex* keinen Anstand nehmen. „Irgend ein S ist Nicht-P" heisst dann convertirt: „Irgend ein Nicht-P ist S." L o t z e hat dies richtig erkannt**), während nahezu alle andern Logiker die Urtheile o überhaupt nicht für convertibel, sondern nur der sogenannten Contraposition fähig erachten. Man sieht aber aus den obigen Bemerkungen, dass sie sich von den Urtheilen i nur durch die Materie unterscheiden, was ja offenbar keinen Einfluss auf die Conversion haben kann.

---

*) Die Materie des ersteren Urtheiles heisst ja „Nicht-P seiendes S", die des letzteren „Nicht-S seiendes P". Die Verwerfung der einen Materie involvirt aber keineswegs die Verwerfung der andern.

**) Logik, pag. 106.

In der That sind also alle vier Urtheilsarten, welche die alte Logik aufgestellt hatte, der *conversio simplex* fähig. Das Princip derselben ist kein anderes, als jenes selbstverständliche Gesetz, welches J e v o n s als *„law of commutativeness"* bezeichnet, das Gesetz nämlich, dass A B und B A zwei Ausdrücke für einen und denselben Gegenstand sind. Die einzige Regel der Conversion ist diejenige, welche vorschreibt, die wahre Subjects- und Prädicatsmaterie zu ermitteln und die beiden entsprechenden Ausdrücke zu vertauschen.

§. 36. A n m e r k u n g. I. Gegen die Ansicht, dass die Conversion bloss den sprachlichen Ausdruck angehe, dass sie also keine Folgerung im eigentlichen Sinne darstelle, scheint die Thatsache zu sprechen, dass das convertirte Urtheil mit dem ursprünglichen häufig durch Partikeln, wie „also", „mithin", „demnach", „weil . . . so . . ." u. dergl. verbunden wird, Partikeln, die auch beim Syllogismus angewendet werden. „Kein Mensch ist vierfüssig"; a l s o, d e m n a c h, m i t h i n ist kein Vierfüssler ein Mensch. Der äusseren Form nach sehen dergleichen Wendungen genau so aus, wie wirkliche Folgerungen. Indessen drücken jene Partikeln nur die logische Unvereinbarkeit des Gegentheils aus. Mit dem Urtheil „kein Mensch ist vierfüssig" ist das Urtheil „es gibt Vierfüssler, die Menschen sind", unvereinbar; von einer Folgerung braucht dabei noch nicht die Rede zu sein. Man kann ja recht wohl sagen : „A ist mit B identisch; d e m n a c h ist auch B mit A identisch" ; niemand wird aber behaupten, man habe es hier mit zwei verschiedenen Urtheilen zu thun.

II. Eine andere Frage ist es, ob die convertirte Aussage der Ausdruck eines mit dem ursprünglichen Urtheil i d e n t i s c h e n oder bloss ä q u i v a l e n t e n Urtheils ist ? Zunächst einige Worte zur Erklärung jenes Gegensatzes. Zur Identität zweier Urtheile ist vor Allem erforderlich, dass sie gleiche Qualität und gleiche Materie haben. Ist dies nicht der Fall, so können sie gleichwohl äquivalent sein, falls sie nämlich in Betreff ihres Erkenntnisswerthes gleichzustellen sind, indem dieselbe Sachlage dem einen, wie dem andern entspricht, so dass aus dem einen nicht mehr und nicht weniger gefolgert werden kann, als aus dem andern ; wie wenn ich sage „4 + 6 = 10" und „es ist wahr, dass 4 + 6 = 10 ist". Eine psychologische Identität besteht nicht, wohl aber eine logische Aequivalenz. — Aus zwei Gründen nun könnte man geneigt sein, das ursprüngliche und das convertirte Urtheil bloss für äquivalent zu halten.

1. Die psychologische Bildung ist für zwei derartige Urtheile häufig eine verschiedene und dies scheint sich mit ihrer Identität nicht zu vertragen. Die beiden Sätze „irgend ein Metall schwimmt" und „irgend ein Schwimmendes ist ein Metall" anerkennen zwar beide denselben Gegenstand : „schwimmendes Metall" ; dennoch wird man in gewissen Fällen nur den ersteren, in andern nur den letzteren aussprechen. Sollte dies nicht auf einen psychologischen Unterschied hindeuten ? Dies ist nun in der That der Fall, jedoch nicht in der Weise, dass es unserer früheren Behauptung widerspräche. Die psychologischen Unterschiede sind hier von zweierlei Art. a) Der e i n e bezieht sich auf diejenigen Processe, welche der Urtheilsbildung vorangegangen sind. Bleiben wir beim obigen Beispiele, so kann Einer,

um die Frage zu entscheiden, ob Metalle schwimmen, die einzelnen Metalle auf diese Eigenschaft hin prüfen, er kann aber auch die verschiedensten schwimmenden Körper darauf hin prüfen, ob sie Metalle sind. Auf das Natrium treffend, wird er im ersteren Falle sagen: irgend ein Metall schwimmt; im letzteren: irgend Einer von den schwimmenden Körpern ist ein Metall.*) Diese Unterschiede betreffen, wie schon bemerkt, nur die dem Urtheile vorangegangenen Process? und begründen somit noch keine, auf die beiden Urtheile selbst bezüglichen psychologischen Unterschiede.

b) Ein anderer Unterschied, der mit dem vorigen zusammenhängt, betrifft die Weise, wie diejenige Vorstellung, deren Gegenstand die Materie des betreffenden Urtheils constituirt, gebildet wird. Bleiben wir bei dem früher gewählten Beispiel. Die Vorstellung eines Dinges, das schwimmt und ein Metall ist, kann häufig successive (nicht simultan) gebildet werden. Es ist dann für die Art der Bildung nicht gleichgiltig, ob die zuerst entstehende Vorstellung die des Metalls oder die des schwimmenden Körpers ist. Nehmen wir an, es werde die Vorstellung Metall zuerst gebildet; hier wird, wenn die Vorstellung auch *in abstracto* besteht, doch ein individueller, concreter Inhalt zu Grunde liegen müssen; die örtliche Lage dieses Inhaltes wird durch die erst nachfolgende Bestimmung „auf dem Wasser schwimmend" geändert, d. h. diese Bestimmung tritt an die Stelle der ursprünglichen (etwa „auf dem Tische vor mir liegend"). Wird die Vorstellung eines schwimmenden Körpers hingegen zuerst gebildet, so entspricht ihr als Concretum etwa ein bestimmtes Holz, und erst nachträglich wird diese durch den Begriff Metall ersetzt und in dieser Weise der Inhalt „schwimmendes Metall" synthetisch aufgebaut. Hier liegt also ein Unterschied in der Bildung der Vorstellung vor. Die Veranlassungen zu solchen Unterschieden können mannigfacher Art sein. Die Weise, wie die Frage nach dem Bestehen schwimmender Metalle untersucht wird (siehe den oben namhaft gemachten Unterschied in den Antecedentien des Urtheils), kann für die eine oder andere Vorstellungsbildung entscheidend sein. Vor Allem aber ist hier das gesprochene oder geschriebene Wort von Einfluss; die Rede verläuft zeitlich und verursacht im Hörenden eine successive Begriffsbildung, die in der oben angedeuteten Weise verschieden verlaufen wird, je nachdem A Subject und B Prädicat oder A Prädicat und B Subject des mitgetheilten Satzes ist. Doch in welcher Weise die Vorstellung eines bestimmten Gegenstandes zu Stande kommt, kann doch für das auf denselben Gegenstand bezügliche Urtheil keinen Einfluss haben' Ein Urtheil kann nicht dadurch charakterisirt werden, dass die Vorstellung seines Gegenstandes in dieser oder jener Weise gebildet wurde! Im psychischen Gesammtzustande sind demnach allerdings Unterschiede gegeben, sie betreffen aber nicht das Urtheil als solches; sie beweisen also nicht, dass die Urtheile „S ist P" und „P ist S" nicht identisch sind, und somit haben wir keinen Grund, um ihretwillen daran zu zweifeln, dass die Conversion bloss den sprachlichen Ausdruck des Urtheils betreffe.

2. Derselbe Irrthum liegt auch einem anderen Argument zu Grunde, welches sich gegen die Identität des ursprünglichen und des convertirten Urtheils richtet. Man könnte nämlich folgenden Einwand zu erheben versucht sein: es gibt ohne Zweifel kategorische Urtheile, in welchen das Subject in der Prädicatsmaterie wieder

---

*) Vergl. Brentano's Anzeige von Miklosich's „Subjectlose Sätze", wieder abgedruckt in der Abhandlung „Vom Urspr. sittl. Erkenntniss" (pag. 118 ff.)

enthalten ist, wie wenn ich sage: irgend ein Pferd ist ein Schimmel; hier wird
das Subject im Prädicate noch einmal vorgestellt. Die *conversio simplex* müsste nun
das Urtheil ergeben: irgend ein Schimmel ist ein Pferd. Da nun aber die Materie
Pferd *implicite* anerkannt wird, so scheint die b e s o n d e r e Anerkennung der ersteren
ganz überflüssig und der Sinn des convertirten Satzes nur der zu sein: es gibt
einen Schimmel. Man wird aber daran Anstoss nehmen, dieses Urtheil dem ursprünglichen „irgend ein Pferd ist ein Schimmel" identisch zu setzen. Demnach
hat wenigstens in diesem Falle die Conversion eine Aenderung des Urtheils zur
Folge gehabt und nicht bloss dessen sprachlichen Ausdruck betroffen. Fälle
dieser Art waren es, welche L a n g e an der Conversion der „particulär bejahenden"
Urtheile irre machten.

Es liegt jedoch auch hier nichts Anderes, als ein Unterschied im Aufbau
des Vorstellungsinhaltes vor. B e u r t h e i l t wird „weisses Pferd", und zwar in
beiden Fällen; v o r g e s t e l l t wird im einen Falle „Pferd, welches ein weisses Pferd
ist", im anderen „weisses Pferd, welches ein Pferd ist". Beide Male wird also
Pferd doppelt vorgestellt und nur dies ist richtig, da es zur Beurtheilung des
Inhaltes „weisses Pferd" hinreichen würde, wenn eben nichts anderes als „weisses
Pferd" vorgestellt würde und nicht „Pferd" Gegenstand eines doppelten Vorstellens wäre. Es würde an der Sache auch nichts ändern, wenn die Materie Pferd
zweimal b e u r t h e i l t würde (was wir dahingestellt sein lassen), denn dies geschähe
im ursprünglichen Urtheil ebensowohl, wie im convertirten.

Wie in den sub 1. behandelten Fällen kommt es zu einem derartig doppelten
Vorstellen eines Theiles der Urtheilsmaterie nur dann, wenn besondere Anlässe zur
s u c c e s s i v e n Vorstellungsbildung gegeben sind, so z. B. wenn ein Urtheil in
Folge von mündlicher oder schriftlicher Mittheilung eines Andern zu Stande kommt.

III. Ein weiterer Einwand gegen die Identität des ursprünglichen mit dem
convertirten Urtheil könnte sich darauf stützen, dass in gewissen Fällen das erstere
wahr, das letztere unzweifelhaft falsch ist. So bei den Urtheilen „irgend ein Mensch
ist todt" und „irgend ein Todtes ist ein Mensch". Doch haben wir es hier mit
Bestimmungen zu thun, die den Inhalt nicht bereichern, sondern ihn ändern,
modificiren. „Gelehrt" bereichert den Inhalt „Mensch", „todt" modificirt ihn.*)
Der Inhalt „todter Mensch" ist gar nicht zu t h e i l e n in „todt" und „Mensch",
denn nicht die Merkmale des Menschen (wozu z. B. auch das Belebtsein gehört)
treten zu den Merkmalen des Begriffes todt hinzu und bilden so den Begriff
„todter Mensch". Ist aber hier und in allen Fällen, wo derartig m o d i f i c i r e n d e
Bestimmungen auftreten, eine Theilung der Materie gar nicht möglich, so kann
auch von einer Conversion keine Rede sein. Diese Einschränkung gilt also auch für
J e v o n s' „law of commutativeness".

In den vorstehenden Argumenten können wir also keine Veranlassung finden,
von unserer Ansicht abzugehen, dass ursprüngliches und convertirtes Urtheil als
solches identisch sind; wir betonen „Urtheil als solches", denn in dem momen-
tanen, wie vorangegangen, psychischen Gesammtzustande des Urtheilenden, an dem
ja auch andere Phänomene — wie namentlich das Vorstellen — Antheil haben,
sind gleichwohl mannigfache Unterschiede möglich.

Die hier vertretene Ansicht über das Wesen der *conversio simplex* wird in

---

*) Vergl. B r e n t a n o, Psychol. v. emp. Standp. I. Bd., pag. 286 ff. Anmerkung.

ihrer vollen Tragweite erst erkannt werden, wenn wir auf die Scheidung der Syllogismen nach den vier Figuren zu sprechen kommen.

§. 37. Ueber die sogenannte *conversio per accidens* der Urtheile a und e braucht hier nicht eigens gesprochen zu werden. Dieselbe steht und fällt mit der Berechtigung der Subalternationsschlüsse, worüber später gehandelt werden soll. Die Ergebnisse der letzteren (d. i. die Urtheile i, beziehungsweise o) brauchen ja nur simpliciter convertirt zu werden, so erhält man dieselben Urtheile, welche die *conversio per accidens* aus den Urtheilen a und e ergibt.

§. 38. Die Regeln der Contraposition, wie sie die Schullogik aufstellt, sind ebenfalls nur zum Theile richtig. Der Schluss von „kein S ist P" auf „irgend ein Nicht-P ist S" könnte nur dann richtig sein, wenn der Subalternationsschluss von e auf o richtig wäre; denn in der That ist das Ergebniss des letzteren — „irgend ein S ist Nicht-P" — nur die einfache Umkehrung des contraponirten Urtheiles — „irgend ein Nicht-P ist S" —; wir hoffen aber später zu erweisen, dass jener Subalternationsschluss falsch ist; es wird darum auch die Contraposition von e zu einem unrichtigen Resultate führen.

Die Schullogik contraponirt ferner das Urtheil „alle S sind P" in „kein Nicht-P ist S". Dies ist richtig. Bedenkt man aber, dass der Sinn des ersten Urtheils kein anderer ist als „kein S ist Nicht-P", so wird man in jener Contraposition nur die richtige *conversio simplex* des fraglichen Urtheils erkennen.

Dasselbe gilt von der Contraposition des Urtheils „irgend ein S ist Nicht-P" in „irgend ein Nicht-P ist S". Der in Wahrheit affirmative Charakter des ersteren Urtheils, sowie die Zugehörigkeit der Negation zur Materie (und nicht zur Function) zeigen sofort, dass wir es hier thatsächlich nur mit einer *conversio simplex* zu thun haben.

Weitere Contrapositionen, ausser den drei eben namhaft gemachten, kennt die Schullogik nicht.

§. 39. Wir haben bereits mehrmals auf die Unrichtigkeit der Subalternationsschlüsse uns berufen müssen. Der Beweis hiefür ist, sobald man nur Materie und Qualität der betreffenden Urtheile richtig erkennt, unschwer zu erbringen. Wenn das Urtheil „kein S ist P" wirklich einfach ist, so ist der Sinn desselben mit der Leugnung der Materie S P erschöpft;

aus dieser Leugnung kann nicht geschlossen werden, dass es ein nicht-P seiendes S gibt, wie dies das Urtheil o behauptet; denn das erstere Urtheil ist auch dann wahr, wenn es kein S gibt, für welchen Fall das Urtheil „irgend ein S ist nicht-P" offenbar nicht zutrifft.

Frühere Ausführungen haben ferner ergeben, dass das Urtheil a, sofern es einfach ist, lediglich in der Leugnung der Materie „nicht-P seiendes S" besteht. Dass daraus die Anerkennung eines P seienden S (welche ja den Sinn des Urtheils i bildet) nicht erschlossen werden kann, ergibt sich aus der Ueberlegung, dass das erstere Urtheil ja auch dann wahr ist, wenn es ein S gar nicht gibt, für welchen Fall das Urtheil i natürlich nicht gilt.

Die beiden Subalternationsschlüsse sind also unrichtig. Für die Syllogistik ist dies von höchster Bedeutung; denn das Princip der Subalternationsschlüsse ist es, was den Inhalt des sogenannten *dictum de omni et nullo* bildet, und dieses letztere wieder ist seit Aristoteles von der grossen Mehrzahl der Logiker für das Fundament gehalten worden, auf welchem das ganze Gebäude der kategorischen Syllogistik errichtet werden müsse.

Anmerkung. Wir werden später darauf zu sprechen kommen, dass die Sätze „alle S sind P" und „kein S ist P" auch Doppelurtheile ausdrücken können, für welchen Fall dann allerdings aus dem ersteren das Urtheil i, aus dem letzteren das Urtheil o erschlossen werden kann. Dies ist jedoch für die Theorie der einfachen, d. i. aus einfachen Urtheilen bestehenden, Schlüsse irrelevant.

In historischer Hinsicht sei hier nur darauf hingewiesen, dass alle jene Logiker, welche dafür halten, im Urtheile a sei die Existenz der Subject-materie nicht mitbehauptet*), nur in Folge einer Inconsequenz an der Richtigkeit der Folgerung von a auf i festhalten.

§. 40. In Betreff der Oppositionsschlüsse ist aus dem Principe des Widerspruches klar, dass Urtheile mit gleicher Materie, aber entgegengesetzter Qualität weder zugleich wahr, noch zugleich falsch sein können, dass also aus der Wahrheit des Einen immer auf die Falschheit des Andern geschlossen werden kann, und umgekehrt. Dieselbe Materie SP wird im Urtheil i anerkannt, im Urtheil e geleugnet; ferner wird die Materie „Nicht-P seiendes S" im Urtheil a geleugnet, im Urtheil o anerkannt. Demnach ist e dem i, a dem o contradictorisch ent-

gegengesetzt. Die Regeln der Schullogik über die contradictorischen Oppositionsschlüsse bleiben also in Kraft.

§. 41. Anders steht es mit dem sogenannten c o n t r ä r e n
Gegensatz. Die Urtheile a und e sind negativ und von verschiedener Materie; a leugnet den Gegenstand „Nicht-P seiendes
S", e den Gegenstand „P seiendes S". Die beiden Urtheile
können daher richt nur, wie die Schullogik richtig lehrt, zugleich
falsch, sie können vielmehr auch zugleich wahr sein: falls nämlich S nicht existirt, ist es sowohl wahr, dass es kein P seiendes S,
wie auch, dass es kein nicht-P seiendes S gibt. Somit kann,
wenn es sich um wahrhaft einfache Urtheile handelt, kein
Schluss von der Wahrheit oder Falschheit von a auf die Falschheit oder Wahrheit von e gemacht werden, und umgekehrt.

§. 42. In Betreff des Schlusses *ad subcontrariam* ist
es eben so leicht nachzuweisen, dass die Lehre der alten Logik
nicht zutrifft. Die Urtheile i und o sollen ihr zu Folge nicht
zugleich falsch sein können; doch ist für den Fall, dass es kein
S gibt, sowohl das Urtheil „irgend ein S ist P", als auch das
Urtheil „irgend ein S ist nicht P" offenbar falsch und daher
ein Schluss von der Falschheit des einen auf die Wahrheit des
anderen unstatthaft.

§. 43. Von den Oppositionsschlüssen der traditionellen
Logik bleiben also nur diejenigen übrig, welche Specialfälle
vom Satze des Widerspruchs darstellen, d. i. die Schlüsse *a d
contradictoriam.*

Die beiden Urtheile eines derartigen Schlusses sind, wie
man sieht, n i c h t i d e n t i s c h; da nun weiter das eine thatsächlich durch das andere motivirt erscheint, so liegt hier in
Wahrheit eine F o l g e r u n g vor und nicht eine blosse Verschiedenheit im sprachlichen Ausdruck, wie etwa bei der *conversio simplex.* A e q u i v a l e n t sind die Urtheile wohl auch
hier; will man dieser Aequivalenz wegen dem Denkvorgange
den Namen Folgerung verweigern, so ist dies lediglich Sache
des Sprachgebrauches und für die psychologische Analyse
gleichgiltig.

§. 44. Von den sogenannten Schlüssen *per aequipol-
lentiam* ist auch nicht ein einziger eine wahrhafte Folgerung.
So erklärt die Schullogik für äquipollent die Urtheile, „alle S
sind P" und „kein S ist ein Nicht-P", während in Wahrheit

der zweite Satz sich nur dadurch vom ersten unterscheidet, dass die doppelte Negation das eine Mal durch „Alle", das andere Mal durch „kein . . . . nicht . . . ." ausgedrückt ist. Weiters gelten für äquipollent die Urtheile „kein S ist P" und „alle S sind Nicht-P". Löst man aber das „alle" in seine beiden Negationen auf, von denen die eine zur Prädicatsmaterie „Nicht-P" gehört und folglich im Vereine mit ihr P gibt, während die andere zur Urtheilsfunction gehört, so erhält man sofort das Urtheil „kein S ist P"; die beiden „äquipollenten" Urtheile sind also identisch.

Dasselbe gilt für die Urtheile „einige S sind P" und „einige S sind nicht Nicht-P". Das erste „nicht" gehört, wie frühere Erörterungen über das sogenannte particulär verneinende Urtheil gezeigt haben, nicht zur Function, sondern zur Prädicats-materie; es hebt sich also mit dem zweiten „Nicht" auf, so dass wie im ersten Urtheil P als Prädicatsmaterie übrig bleibt.

Manche, wie z. B. Ueberweg, halten auch die Urtheile „einige S sind nicht P" und „einige S sind Nicht-P" für äqui-pollent. Das letztere Urtheil behauptet offenbar die Existenz von Nicht-P seienden S; soll nun das erstere denselben Sinn haben wie dieses (dies gehört ja zum Begriffe der Aequipollenz), so muss die Existenz von Nicht-P seienden S jedenfalls in ihm involvirt sein. Diesfalls aber ist der abweichende sprachliche oder schriftliche Ausdruck, der den Schein erweckt, als gehöre die Negation zur Copula, entschieden zu verwerfen. Lag in den vorigen drei Fällen keine Folgerung, sondern eine blosse Ueber-setzung, so liegt hier eine schlechte Uebersetzung vor.

Von sämmtlichen unmittelbaren Folgerungen, die je von Logikern aufgestellt wurden, verdienen also nur die Schlüsse *ad contradictoriam* wahrhaft diesen Namen.

§. 45. Es entsteht nun die Frage, ob es ausser diesen vielleicht noch andere gebe, welche die Schullogik nicht be-rücksichtigt hat.

Dies ist nun allerdings der Fall. Die bisherige Logik hatte nur dann von unmittelbaren Folgerungen gesprochen, wenn es sich um Urtheile von gleicher (oder wenigstens vermeintlich gleicher) Materie, aber von verschiedener Qualität oder Quantität handelte; die einzigen thatsächlichen Aenderungen der Materie hatten darin bestanden, dass das Prädicat manchmal in sein contradictorisches Gegentheil umschlug. Ohne Zweifel können zwei Urtheile aber auch dann in die Beziehung der logischen Abfolge treten, wenn die Materie des einen einen Theil der Materie des anderen ausmacht, ein Fall, den die Schullogik übersehen hat. Wird eine complexe Materie affirmirt, so wird wenigstens *implicite* jeder Theil derselben affirmirt*); daher können aus einem solchen Urtheil andere Urtheile gefolgert werden, welche die einzelnen Theile *explicite* affirmiren; u. zw. ist es gleichgiltig, welcher Art jenes Verhältniss ist, ob es sich um räumliche, um logische etc. Theile handelt. Aus dem Urtheil „irgend ein Mensch ist krank" kann gefolgert werden „es gibt einen Menschen", „es gibt etwas Krankes"; aber auch „es gibt ein Lebewesen", denn dies bildet einen Theil des Begriffes Mensch, ebenso wie aus dem Urtheil „es gibt ein Raubthier" gefolgert werden kann „es gibt ein Thier", oder aus „irgend ein Viereck ist rechtwinklig" nicht allein „es gibt ein Viereck", sondern auch „es gibt eine Figur", „es gibt etwas Räumliches"; aus dem Urtheil „es gibt zwölf Apostel" das Urtheil „es gibt sechs Apostel" u. dergl. m. Wie manche der vorstehenden Beispiele zeigen, werden häufig die Theile der Materie nicht ein·zeln oder wie man sagt *explicite* vorgestellt und beurtheilt, sondern nur, insofern sie im Ganzen enthalten sind. Dies ist z. B. der Fall, wenn Jemand den Gegenstand „Pferd" anerkennt, ohne jene Elemente desselben, welche zusammen den Inhalt „Thier" ausmachen, in einem besonderen Acte zu vereinigen und sie dann in prädicativer Weise mit den Besonderheiten des Inhaltes „Pferd" zu verbinden. Wir sagen in diesem Falle, er habe den Inhalt „Thier" nur *implicite* mitbeurtheilt. Ein darauf bezügliches affirmatives Urtheil wird nichtsdestoweniger einem anderen äquivalent sein, in welchem die Theile der Materie *explicite* beurtheilt werden, und da aus dem letzteren ohne Zweifel die Anerkennung jedes einzelnen Theiles gefolgert werden kann, so wird dies auch in Bezug auf das erstere der Fall sein. Aus dem Urtheil „es gibt ein Pferd" lässt sich also das Urtheil „es gibt ein Thier" ohne jede Vermittlung folgern.

Umgekehrt ist klar, dass, wenn eine bestimmte Materie A geleugnet wird, auch jede andere Materie geleugnet werden

*) Vergl. Brentano, Psychol. I, pag. 276.

muss, in welcher A als Theil auftritt, ein Satz, der sich auf das vorige Princip zurückführen lässt. Denn würde die zusammengesetzte Materie A B C ... anerkannt, so würde daraus nach dem früheren Principe die Anerkennung jedes seiner Theile, also auch des Theiles A, folgen, was eben der Voraussetzung widerspricht. Beispiele ergeben sich sofort; aus dem Urtheil „es gibt nichts Räumliches" folgt unmittelbar „es gibt keine Figur", „es gibt kein Dreieck, kein gleichseitiges Dreieck, kein rothes gleichseitiges Dreieck˙ u. dergl. m. Auch hier kommt natürlich der Fall vor, dass die eine Materie nur *implicite* in der andern enthalten ist.

Die Gesetze jener zwei unmittelbaren Folgerungen lassen sich kurz in nachstehende Fassung bringen:

I. Jedes affirmative Urtheil bleibt wahr, wenn man beliebige Theile seiner Materie weglässt.

II. Jedes negative Urtheil bleibt wahr, wenn man seine Materie um beliebig viele Determinationen bereichert.

Diese beiden Gesetze bilden, wie wir später sehen werden, ein wichtiges Mittel zur Entwickelung der kategorischen Syllogismen.

IV. CAPITEL.

Die Schlüsse aus zwei Prämissen.

§. 46. Aus den bisher entwickelten Folgerungen allein lassen sich jedoch die unter dem Namen der kategorischen Syllogismen bekannten Schlüsse noch nicht ableiten. Hierzu sind gewisse einfachere Schlussformen mit zwei Prämissen erforderlich, die, wie die oben erwähnten Folgerungen, unmittelbar einleuchten, indem sie blosse Specialfälle des Satzes vom ausgeschlossenen Dritten darstellen.

Wir wollen hier, wie auch später bei Vorführung der sogenannten kategorischen Syllogismen, die einzelnen Urtheile in existentialer Form ausdrücken, da diese der adäquateste Ausdruck des einfachen Urtheils ist, indem sie Materie und Urtheilsfunction auch äusserlich so trennt, dass es nicht möglich ist, im einzelnen Falle zu schwanken, ob eine Negation zur Materie oder zur Function gehört. Die kategorische Aussageform entbehrt, wie wir an vielen Beispielen gesehen haben, dieses Vortheils.

Der Kürze und Uebersichtlichkeit halber wird es sich ferner empfehlen, für den Ausdruck der Urtheile ein gewisses Zeichensystem festzuhalten. Die Urtheilsqualität soll hiernach in Zukunft durch die Zeichen $+$ und $-$ zum Ausdruck kommen, so dass $+$ mit „ist" („es gibt" und gleichsinnige Formeln), — mit „ist nicht" („es gibt nicht" u. dergl.) zu lesen ist.

Ausserdem will ich nach dem Vorgange Jevons' die negativen Begriffe durch kleine lateinische Buchstaben bezeichnen, so dass z. B. wenn S einen positiven Inhalt bedeutet, s dessen contradictorisches Gegentheil (= Nicht-S) bedeuten soll.

Dem Urtheil a, „alle S sind P", entspricht daher die Formel „Sp —", d. h. „ein S, welches Nicht-P ist, ist nicht"; dem Urtheil i, „irgend ein S ist P", entspricht die Formel „S P +", d. h. „es gibt ein P seiendes S"; dem Urtheil e, „kein S ist P" die Formel „S P —", d. h. „es gibt kein P seiendes S"; endlich dem Urtheil o, „irgend ein S ist Nicht P", die Formel „Sp +", d. h. „es gibt ein S, welches Nicht-P ist". Ausserdem werden wir aus Gründen der Zweckmässigkeit in den sofort zu besprechenden einfachsten Schlüssen mit zwei Prämissen die Buchstaben A und B ·beziehungsweise a und b) zur Bezeichnung der Materie verwenden.

§. 47. Dies vorausgeschickt, führen wir zunächst diejenigen Schlüsse vor, welche ohne jede Deduction, also unmittelbar einleuchten. Es sind dies Schlüsse mit drei *terminis*, von denen zwei einander contradictorisch entgegengesetzt sind, nämlich:

$$A B —$$
$$A \quad +$$
$$A b +$$

. α)

Dies bedarf keines Beweises: wenn es ein A gibt, ein A B aber nicht gibt, so muss es ein A geben, welches Nicht-B (= b) ist. Das leuchtet ein aus dem Principe des ausgeschlossenen Dritten. Es ändert natürlich an dem Schlusse nichts, wenn in der ersten Prämisse b statt B und in Folge dessen in der Conclusion B statt b gesetzt wird, so dass der Schluss die Form

$$A b —$$
$$A \quad +$$
$$A B \perp$$

annimmt.

Ein weiterer Schluss, der ebenso unmittelbar einleuchtet (jedoch auch aus α auf indirecte Weise gewonnen werden kann), ist der folgende:

$$\frac{\begin{array}{l} A\,B\,-\\ A\,b\,- \end{array}}{A\ \ -} \qquad .\ \ .\ \ \text{9)}$$

Es ist ja evident, dass, wenn A existirte, es entweder B oder Nicht-B ($= b$) sein müsste; nun soll aber den Prämissen zufolge weder das Eine, noch das Andere der Fall sein: also existirt A nicht.*)

Anmerkung. I. Würden von den drei *terminis* nicht zwei im Verhältnisse des contradictorischen Gegensatzes stehen (wie z. B. wenn b durch C ersetzt würde), so ergäbe dies offenbar gar keine Conclusion. oder wenigstens keine solche, die nicht schon aus einer der beiden Prämissen allein folgte. Sind jedoch zwei *termini* einander contradictorisch entgegengesetzt, so lässt sich leicht zeigen, dass die Schlüsse α und β die einzig möglichen sind. Zunächst ist sicher, dass nicht beide Prämissen affirmativ sein können; denn in diesem Falle würde entweder die eine in der andern involvirt sein (z. B. „A B +" und „A +") und daher bereits die eine Prämisse zur Gewinnung der Conclusion hinreichen; oder aber die beiden Prämissen wären der Art, dass sich das Princip des ausgeschlossenen Dritten auf sie nicht anwenden liesse (wie z. B. „A B +" und „A b +"). Sind beide Prämissen negativ, so müssen wieder jene Combinationen ausgeschlossen werden, in welchen die eine in der andern involvirt ist (wie z. B. „A —" und A B —", wo die letztere aus der ersteren unmittelbar folgt), und ebenso jere, auf die der Satz des ausgeschlossenen Dritten keine Anwendung findet (wie bei den Prämissen „A b —" und „a B —"). Bei verschiedener Qualität der Prämissen endlich sind einfach diejenigen Combinationen auszuschliessen, in denen die eine Prämisse der andern widerspricht (z. B. „A B +" und A —"). Der Leser wird sich, wenn er sämmtliche Combinationen unter diesen Gesichtspunkten prüft, leicht überzeugen, dass α und β die einzig möglichen Schlüsse sind.

Wenn es demnach nur zwei Schlüsse mit drei *terminis* geben soll, so liegt es nahe, einzuwenden, die 19 *modi* der alten Logik seien doch auch Schlüsse mit drei *terminis*. Die Widerlegung wird sich indess erst später ergeben, indem wir zu zeigen hoffen, dass alle giltigen *modi* der alten Logik in den nachträglich zu entwickelnden Syllogismen mit vier *terminis* enthalten sind.

II. Was die Schullogik anlangt, so konnte sie auf den Schluss β unmöglich verfallen; denn nach ihrer Auffassung könnten seine beiden Prämissen, als im Verhältniss der conträren Opposition stehend, nicht zugleich wahr sein, wie wir pag. 66 ausführlich erörtert haben.

---

*) Man sieht übrigens, dass die Schullogik Unrecht that, die unmittelbaren Folgerungen ohne weiters mit den Schlüssen aus einer Prämisse zu identificiren. Die obigen Schlüsse zeigen dies deutlich: sie besitzen zwei Prämissen und leuchten dennoch ohne jede Deduction ein.

Für den Schluss ϰ besitzt die Schullogik ein psychologisch falsch beschriebenes Surrogat in Gestalt der Subalternationsschlüsse, indem sie aus „A B —" sofort „A b +" folgert, aus „A b —" aber „A B +". Diese Folgerungen sind nur unter Voraussetzung der Existenz von A statthaft, welche Voraussetzung aber in einer eigenen Prämisse ausgedrückt werden muss, da sie in den Urtheilen „A B —", beziehungsweise „A b —", sofern diese einfach sind, nicht involvirt ist.

§. 48. Wir sind nunmehr im Stande, ein System von Syllogismen zu deduciren, welches sämmtliche Schlüsse der alten Logik, soweit dieselben giltig sind, und ausserdem noch eine erkleckliche Anzahl bisher nicht berücksichtigter Schlussformen enthält.

Zuvor möge jedoch ein Wort über die Stellung der *termini* vorausgeschickt werden. Wir werden, wie wir es bisher gethan, die einzelnen Urtheile in der ihnen adäquatesten Form, d. i. in der existentialen, darstellen; nach der pag. 70 gegebenen Anweisung wird es keine Schwierigkeit machen, sie in die übliche kategorische Aussageweise zu übersetzen. Den Unterschied von Subject und Prädicat, den wir auf Unterschiede in den Antecedentien des Urtheils und in der Bildung der zu Grunde liegenden Vorstellung zurückgeführt haben, lässt die existentiale Form als nicht zum Wesen des einfachen Urtheils gehörig, verschwinden. Es fällt also dasjenige Moment weg, auf welches sich die Scheidung der Schlüsse nach den vier Figuren gründete. Bei gleicher Materie und gleicher Qualität der Prämissen wird hiernach ein bestimmter Syllogismus in der Form jeder Figur ausgedrückt werden können*); welche Figur man wählt, bleibt für den logischen Process völlig gleichgiltig. Wenn wir also in der Anordnung der *termini* die Form der ersten Figur

$$M\ P$$
$$S\ M$$
$$S\ P$$

wählen, so ist dies ganz willkürlich; wir hätten ebenso gut das Schema der zweiten, dritten oder vierten Figur zu Grunde legen können.

Deduction der kategorischen Syllogismen mit vier *terminis*.

§. 49. Die Syllogismen mit vier *terminis* können aus den pag. 70—71 besprochenen Schlüssen:

---

*) Daher fallen auch *modi* wie *Darii* und *Datisi*, oder *Disamis* und *Dimatis* u. dergl., wie wir sehen werden, in eine einzige Schlussform zusammen.

$$\text{I. } A\,B \,- \quad\quad \text{und} \quad\quad \text{II. } A\,B\,-$$
$$\underline{\quad A \,\,+\quad} \quad\quad\quad\quad\quad \underline{\quad A\,b\,-\quad}$$
$$A\,b + \,*) \quad\quad\quad\quad\quad\quad\quad A\,\,\,\,-$$

mit Hilfe der beiden pag. 69 mitgetheilten Gesetze abgeleitet werden. I. Untersuchen wir zunächst, welche Syllogismen sich aus dem ersten der beiden Schlüsse ableiten lassen.

a) Der erste Schritt der Deduction besteht darin, dass A durch eine zusammengesetzte Materie ersetzt wird, was offenbar erlaubt ist. Nehmen wir an, A werde z. B. durch SM ersetzt, und schreiben wir an Stelle von B um des Herkommens willen P, so ergibt sich zunächst folgender Syllogismus:

$$\text{S M P} -$$
$$\underline{\text{S M} \,\,\,+}$$
$$\text{S M p} +$$

(wobei, wie immer, p das contradictorische Gegentheil von P ausdrückt).

b) Derselbe Schluss müsste sich offenbar auch ergeben, wenn die erste Prämisse bloss hiesse: „M P —"; denn zu Folge der pag. 69 angegebenen zweiten Regel darf der Inhalt eines negativen Urtheils beliebig bereichert werden, unbeschadet seiner Wahrheit; „M P —" involvirt also „S M P —". Der obige Syllogismus lautet nach dieser Aenderung nunmehr:

$$\text{M P} \,\,\,-$$
$$\underline{\text{S M} \,\,\,+}$$
$$\bar{\text{S}}\,\text{M p} +$$

c) Wenn nun das Urtheil „S M p +" wahr ist, so darf nach der pag. 69 angegebenen ersten Regel ein beliebiger Theil seiner Materie weggelassen werden; das Urtheil muss wahr bleiben. Lassen wir den Theil M weg, so entsteht das Urtheil „S p +", welches offenbar im Urtheile „S M p +" involvirt liegt.

Nach dieser zweiten Aenderung lautet also unser Syllogismus:

$$\frac{\begin{array}{l}\text{M P} - \\ \text{S M} +\end{array}}{\text{S p} +} \qquad \cdots \quad \cdots \quad 1)$$

§. 50. Dieser Syllogismus hat vier *termini* (S, M, P und p), von denen zwei einander contradictorisch entgegengesetzt sind. Drückt man Prämissen und Conclusion in kategorischer, statt in existentialer Form aus, so erkennt man in ihm sofort den *modus Ferio* der Schullogik:

$$\frac{\begin{array}{ll}\text{M P} -, & \text{kategorisch: kein M ist P;} \\ \text{S M} +, & \text{\" : irgend ein S ist M}\end{array}}{\text{S p} +, \quad \text{kategorisch: irgend ein S ist nicht P.}}$$

Zugleich aber entspricht der obige Schluss, da die zwei *termini* jedes seiner Urtheile ihre Stellen mit einander tauschen können, den alten *modis Festino, Ferison* und *Fresison.**)

Die Methode der Deduction, wie wir sie unter *a)*, *b)* und *c)* ausführlich dargelegt, bleibt für alle jene Syllogismen dieselbe, welche aus dem ersten der beiden einfachen Schlüsse:

$$\frac{\begin{array}{l}\text{A B} - \\ \text{A} \quad +\end{array}}{\text{A b} +}$$

---

*) Anstatt diese *modi*, wie es hier geschehen ist, in analytischer Weise aus dem einfacheren Schlusse

$$\frac{\begin{array}{l}\text{A B} - \\ \text{A} \quad +\end{array}}{\text{A b} +}$$

zu deduciren, könnten wir natürlich — umgekehrt verfahrend — jene *modi* als gegeben betrachten und sie auf ihre Richtigkeit prüfen. — Es sei z. B. *Ferio* gegeben:

$$\frac{\begin{array}{l}\text{M P} - \\ \text{S M} +\end{array}}{\text{S p} +}$$

Vermehren wir, zu Folge der zweiten Regel pag. 69, die Materie der ersten Prämisse um die Bestimmung S, so erhalten wir als Prämissen

$$\begin{array}{l}\text{(S M) P} - \\ \text{(S M)} \quad +.\end{array}$$

Für (S M) möge A gesetzt werden, für P aber B, dann lauten die Prämissen

$$\begin{array}{l}\text{A B} - \\ \text{A} \quad +,\end{array}$$

woraus sich sofort A b + ergibt. Setzen wir nun wieder für A den Werth S M ein, für b aber p, so lautet die Conclusion: S M p + ; aus dieser darf zu Folge pag. 69 ein Element, z. B. M weggelassen werden. In der That ergibt sich dann die Conclusion: S p +.

abgeleitet werden. Wir brauchen die Deduction daher nicht für jeden einzeln zu wiederholen.

Um die übrigen Syllogismen, welche sich aus dem eben genannten einfachen Schlusse ableiten lassen, zu finden, ist es nur nöthig, an Stelle von B und A verschiedene andere (für A natürlich immer zusammengesetzte) Materien treten zu lassen, wobei selbstverständlich die Deduction dieselbe bleibt.

Ersetzt man in dieser Weise das B nicht mehr durch P, sondern durch p, so entsteht der Syllogismus

$$\begin{array}{r} M\,p\,- \\ S\,M\,+ \\ \hline S\,\bar{P}\,+, \end{array} \qquad . \qquad . \qquad 2)$$

in welchem man sofort den *modus Darii*, beziehungsweise — nach Umstellung der *termini* in der zweiten Prämisse — *Datisi* erkennt.

An der Richtigkeit von 1) und 2) kann sich natürlich nichts ändern, wenn an Stelle von S der negative Inhalt s tritt; wir erhalten so die beiden Syllogismen

$$\begin{array}{r} M\,P\,- \\ s\,M\,+ \\ \hline s\,p\,+ \end{array} \qquad . \qquad 3)$$

und

$$\begin{array}{r} M\,p\,- \\ s\,M\,+ \\ \hline s\,\bar{P}\,+ \end{array} \qquad 4)$$

Setzen wir an Stelle des A im einfachen Syllogismus nicht mehr S M (beziehungsweise s M), sondern M P (beziehungsweise M p), so müssen sich in analoger Weise vier weitere Syllogismen ergeben; nämlich

$$\begin{array}{r} M\,P\,+ \\ S\,M\,- \\ \hline s\,P\,+, \end{array} \qquad 5)$$

ein Schluss, der sofort in 1) übergeht, sobald man an Stelle von S . . . P und an Stelle von P . . . S setzt. Ferner

$$\begin{array}{r} M\,P\,+ \\ s\,M\,- \\ \hline S\,P\,+, \end{array} \qquad 6)$$

welcher Schluss ebenso direct aus 2) zu gewinnen wäre, sobald man für S . . . P, für p . . . s setzt. Der eben erwähnte Syllogismus entspricht, wie man leicht erkennt, bei gehöriger Stellung der *termini* den hergebrachten *modis Disamis* und *Dimatis*.

Setzt man in 5) p an Stelle von P, so ergibt sich

$$\frac{\begin{array}{l} M p\ + \\ S M\ - \end{array}}{s p\ +.} \qquad . \ 7)$$

Dieselbe Veränderung, in 6) vorgenommen, führt zu dem Syllogismus

$$\frac{\begin{array}{l} M p\ + \\ s M\ - \end{array}}{S p\ +,} \qquad . \ 8)$$

ein Schluss, dem bei gehöriger Stellung der *termini* der alte *modus Bocardo* entspricht.

§. 51. Indess erkennt man leicht, dass die vier zuletzt namhaft gemachten Syllogismen von den vier ersten nicht wesentlich verschieden sind. Man würde jene, wie schon bemerkt, gerade so deduciren müssen wie diese, nur dass man für das A des einfachen Schlusses nicht S M (oder s M), sondern P M (oder p M) setzt. Dies kann einen Unterschied nur dann machen, wenn man mit S und P Subject und Prädicat der Conclusion bezeichnet und unter diesen wesentlich verschieden charakterisirte Theile des Urtheils versteht. Wir haben jedoch erkannt, dass sie dies bei einfachen Urtheilen gar nicht sind, vielmehr als coordinirte Theile der Urtheilsmaterie betrachtet werden müssen, soweit es natürlich nur auf das Urtheil selbst, und nicht auf seine Antecedentien, beziehungsweise auf die Bildung der entsprechenden Vorstellung ankommt.

Man könnte ferner mit demselben Rechte diejenigen Syllogismen in Einen zusammenfallen lassen, die sich nur dadurch unterscheiden, dass an Stelle von P . . . p, an Stelle von S . . . s gesetzt wird. Doch sind derartige Fragen lediglich von der Convenienz der Classenbildung abhängig.

Will man immer dann, wenn an die Stelle eines positiven Begriffes ein negativer tritt, von einem neuen syllogistischen Modus reden, so würden überdies zu den acht vorgenannten Syllogismen noch weitere acht hinzutreten, die sich von jenen dadurch unterschieden, dass das M einen negativen Begriff

(= m) bezeichnet. Und in der That: wenn man diese Aenderung in dem unter 1) angeführten Syllogismus anbringt, würde dadurch der Schluss

$$m\ P\ -$$
$$S\ m\ +$$
$$\overline{S}\ \overline{p}\ +$$

entstehen, für welchen die alte Logik einen eigenen Modus unter dem Namen *Baroco* aufgestellt hat.

Indessen ist zu bemerken, dass für *modi*, welche solchergestalt als wesentlich identisch angesehen werden müssen, sehr häufig sprachliche Ausdrücke angewendet werden, die jene Identität zu verhüllen geeignet sind, und dass es darum auch nicht ohne Nutzen ist, die ihnen entsprechenden Schemata getrennt vorzuführen. Dies gilt vor Allem, wenn nicht die existentiale, sondern die kategorische Aussageweise gewählt wird.

Folgende Beispiele mögen zur Erläuterung dienen: die Syllogismen 5) und 6, d. i.

$$M\ P\ +$$ $$M\ P\ +$$
$$S\ M\ -$$ und $$s\ M\ -$$
$$\overline{s\ P}\ +$$ $$\overline{S}\ \overline{P}\ +$$

sind wesentlich identisch, da ja S jeden beliebigen Inhalt, mithin auch Nicht-S (= s) bedeuten kann. Die zweite Prämisse des ersten dieser beiden Syllogismen würde in kategorischer Form lauten: kein S ist M; die zweite Prämisse des zweiten Syllogismus kann aber ausgedrückt werden durch: alle M sind S (= Ms —). Diese beiden Ausdrucksweisen aber lassen nicht sofort erkennen, dass es sich hier um Urtheile von gleicher Qualität handelt, die sich nur durch die Materie unterscheiden und daher principiell nicht getrennt werden sollten. Eben so verschieden können im vorliegenden Falle auch die Conclusionen ausgedrückt werden; die des zweiten Schlusses nämlich durch „irgend ein S ist P", die des ersten durch „irgend ein P ist nicht S". Für denjenigen also, der sich durch sprachliche Formen über die wahre Qualität der Urtheile täuschen lässt, ist es wichtig, beide Syllogismen zu trennen, um nicht den Schein zu erwecken, als sei die Schlusstafel unvollständig.

Ein anderes Beispiel. Wir sagten, zu den acht angeführten Syllogismen kämen weitere acht hinzu, wenn man in jedem der ersteren das M durch m ersetzt. Dass dadurch keine eigentlich neuen Syllogismen entstehen, ist klar; dennoch können auch hier sprachliche Verschiedenheiten die wesentliche Gleichheit verhüllen, wie folgender Fall zeigt: aus dem Syllogismus 2)

$$\begin{array}{ll} M\,p\, — & m\,p\, — \\ S\,M\, + & \text{entsteht so} \quad S\,m\, + \\ \overline{S\,P}\, + & \overline{S}\,P\, + \end{array}$$

Kategorisch könnten diese Schlüsse z. B. so ausgedrückt werden:

$$\begin{array}{ll} \text{alle M sind P} & \text{alle Nicht-P sind M} \\ \dfrac{\text{irgend ein S ist M}}{\text{irgend ein S ist P}} \quad \text{und} & \dfrac{\text{irgend ein S ist nicht M}}{\text{irgend ein S ist P.}} \end{array}$$

Für denjenigen, der noch an der alten Eintheilung der Urtheile (a, e, i und o) festhält, müssten diesen beiden Syllogismen verschiedene *modi* (und daher auch Merkworte) entsprechen. Die blosse Anführung des Einen Syilogismus würde dann die Schlusstafel scheinbar unvollständig lassen.

Diese Beispiele, die noch vermehrt werden könnten, dürften es hinreichend rechtfertigen, dass wir vielfach bloss auf Grund von — unwesentlichen — Unterschieden in der Materie im Uebrigen identische Syllogismen von einander trennten und so zu 16 *modis* mit affirmativen Conclusionen gelangten.*)

§. 52. II. Wir wenden uns nunmehr zu denjenigen Syllogismen, welche sich aus dem einfacheren Schlusse

$$\begin{array}{l} A\,B\, — \\ \underline{A\,b\, —} \\ A\, — \end{array}$$

deduciren lassen. Auch hier werden wir die Deduction nur für Einen Syllogismus *in extenso* vorführen; die Methode der Deduction bleibt ja für alle übrigen eine und dieselbe. Zu diesem Behufe ersetzen wir

a) A durch die zusammengesetzte Materie S P und schreiben, des Herkommens wegen, für B ... M; wir gelangen so zunächst zu dem Schlusse

$$\begin{array}{l} S\,P\,M\, — \\ S\,P'\,m\, — \\ S\,P\, — \end{array}$$

*) Eine Prüfung der vorstehenden *modi* ergibt die Richtigkeit des von Brentano (Psych. I. 303) aufgestellten Gesetzes, dass bei affirmativer Conclusion die eine Prämisse die gleiche Qualität und einen gleichen *terminus*, die andere Prämisse entgegengesetzte Qualität und einen entgegengesetzten *terminus* haben muss.

b) Nach dem pag. 69 mitgetheilten Gesetze, wonach ein negatives Urtheil richtig bleibt, man mag seine Materie bereichern wie man will, würde die erste der beiden Prämissen sofort folgen, wenn das Urtheil „MP—" gilt, die zweite Prämisse ebenso, wenn das Urtheil „Sm—" wahr ist. Folgt also aus den Urtheilen SPM—

$$\text{und } SPm—$$
$$\text{das Urtheil } S\overline{P}\ —$$

so muss dieses letztere Urtheil auch aus den Prämissen

$$MP—$$
$$\text{und } Sm—$$

folgen, da aus ihnen die beiden obigen Prämissen unmittelbar gewonnen werden können.

§. 53. Es ergibt sich mithin der Syllogismus

$$\frac{MP—}{}$$
$$\frac{Sm—}{S\overline{P}\ —.} \qquad\qquad 17\,{}^*)$$

Er entspricht den *modis Celarent,* respective *Cesare* der alten Logik.**)

Wird M negativ und in Folge dessen m positiv, so entsteht daraus der Syllogismus

$$mP—$$
$$\frac{SM—}{\overline{SP}\ —} \qquad\qquad 18)$$

---

*) Wir bezeichnen denselben als 17. Syllogismus mit Rücksicht auf jene weiteren 8 Syllogismen, die aus den ersten 8 mitgetheilten gewonnen werden, wenn man M durch m ersetzt.

**) Auch hier könnte der umgekehrte Weg gegangen werden, indem man etwa Celarent als gegeben betrachtet und dann auf seine Richtigkeit prüft. Man vermehre die Materie der ersten Prämisse (M P) um S, die der zweiten (S m) um P, was ja der negativen Qualität wegen gestattet ist. Die Prämissen lauten dann:

$$MPS—$$
$$\text{und } PSm—.$$

Setzt man für (PS) . . . A, für M . . . B (bezichungsweise für m . . . b so entsteht

$$AB—$$
$$Ab—,$$

woraus geschlossen werden kann

$$A—,$$

oder, indem man für A wieder SP einsetzt,

$$SP—$$

die Conclusion von Celarent.

welcher bei gehöriger Stellung der *termini* den *modis Came-stres* und *Calemes* entspricht.

Wird ferner P negativ (also $=$ p), so ergibt sich aus 17) der Syllogismus

$$\begin{array}{c} M\,p\,— \\ \underline{S\,m\,—} \\ \overline{S}\,p\,—, \end{array} \qquad\ldots\quad\ldots\quad\ldots\quad 19)$$

wie man sieht, kein anderer als der *modus Barbara,* in welchem also aus negativen Prämissen ein negativer Schluss gezogen wird. Dieselbe Aenderung mit 18) vorgenommen, ergibt

$$\begin{array}{c} m\,p\,— \\ \underline{S\,M\,—} \\ \overline{S\,p}\,—. \end{array} \qquad\ldots\ldots\ldots\ldots 20)$$

Schliesslich ergeben die vorgenannten vier Syllogismen, wenn an Stelle von S die negative Materie s gesetzt wird, der Reihe nach folgende Schlüsse:

$$\begin{array}{c} M\,P\,— \\ \underline{s\,m\,—} \\ \overline{s}\,P\,—; \end{array} \qquad\ldots\quad\ldots\ldots 21)$$

$$\begin{array}{c} m\,P\,— \\ \underline{s\,M\,—} \\ \overline{s\,P}\,—; \end{array} \qquad\ldots\ldots 22)$$

$$\begin{array}{c} M\,p\,— \\ \underline{s\,m\,—} \\ s\,p\,—; \end{array} \qquad\ldots\ldots\ldots 23)$$

$$\begin{array}{c} m\,p\,— \\ \underline{s\,M\,—} \\ s\,p\,—.*) \end{array} \qquad\ldots\quad\ldots\ldots 24)$$

§. 54. Auch hier kann gefragt werden, ob nicht gewisse Schlüsse mit anderen im Wesentlichen identisch seien? Dies ist nun wirklich der Fall, so z. B. in Betreff der letzten vier in

---

*) Eine Prüfung der letzten 8 Syllogismen ergibt das von B r e n t a n o (a. a. O.) aufgestellte Gesetz, dass bei negativer Conclusion jede Prämisse die Qualität und einen *terminus* mit dem Schlusssatze gemein haben muss.

ihrem Verhältniss zu den vier ersten. Trotzdem glaubten wir eine Scheidung vornehmen zu müssen, da jene wesentliche Identität nicht immer klar zu Tage tritt, indem sie namentlich durch kategorische Ausdrucksformen verdeckt wird. Dies ist z. B. der Fall bei den Schlüssen 18) und 22):

$$\begin{aligned} &m\,P - &&m\,P - \\ &S\,M - &&s\,M - \\ &\overline{S\,P} - &&s\,\overline{P} -, \end{aligned}$$

die nur den unwesentlichen Unterschied zeigen, dass S einmal einen positiven, das andere Mal einen negativen Begriff ($=$ s) bedeutet.

Die wesentliche Identität kann hier durch gewisse Ausdrucksformen für die zweiten Prämissen und für die Conclusionen verhüllt werden; so wenn man die zweite Prämisse von 18) ausdrückt durch „kein S ist M", die von 22) durch „alle M sind S", die Conclusion von 18) durch „kein S ist P", die von 22) durch „alle P sind S". Jedenfalls sind wir auf diese Weise gegen den Vorwurf der Unvollständigkeit gesichert, ebenso aber auch gegen den unbewussten Pleonasmen.

§. 55. Hier mag es am Platze sein, daran zu erinnern, dass die ganze Deduction der Syllogismen sich stützt:

1. auf die beiden Sätze, dass die Affirmation einer Materie die Affirmation jedes ihrer Theile einschliesst, und dass die Negation einer Materie in der Negation jedes ihrer Theile eingeschlossen ist (vergl. pag. 67 ff.);

2. auf die beiden Schlüsse:

$$\begin{aligned} &A\,B - &&A\,B - \\ &A\ + &&\text{und}\quad A\,b - \\ &A\,b + &&A\ -. \end{aligned}$$

Die ersten beiden Sätze folgen unmittelbar aus dem Principe des Widerspruches; die beiden letztgenannten Schlüsse aus dem Satze vom ausgeschlossenen Dritten. Diese beiden unmittelbar evidenten Sätze sind demnach die wahren und einzigen Quellen, aus denen sämmtliche Syllogismen fliessen.

Hierin liegt bereits die vollständige Widerlegung aller derjenigen Lehren, welche die Berechtigung der Deductionsschlüsse auf die Erfahrung basiren wollen (wie etwa Alex. Bain) — andererseits aber auch derjenigen, welche in synthetischen Erkenntnissen *a priori* die Gesetze der Syllogismen erblicken (wie Fr. Alb. La n g e). Wir dürfen hiebei von allen den Argumenten Umgang nehmen, welche beweisen, dass in der E r f a h r u n g die Gewähr für die Richtigkeit der Schluss-gesetze nicht liegen kann, da ja vorher erst erwiesen werden müsste, woher das Vertrauen auf die Erfahrung seine Berech-tigung nimmt — und ähnlich dürfen wir (der aprioristischen Richtung gegenüber) auf die Beweise gegen die Existenz syn-thetischer Erkenntnisse *a priori* verzichten : die Thatsache, dass die Gesetze des Schliessens aus jenen a n a l y t i s c h e n Principien *a priori* gewonnen werden kö n n e n, beweist für sich hinreichend, dass ihre Quelle nirgendwo anders zu suchen ist. Der Satz des Widerspruchs und des ausgeschlossenen Dritten muss ja sowohl von den Vertretern der empirischen als auch der aprioristischen Richtung als Erkenntnissprincip gelten gelassen werden : reichen wir nun mit diesen Principien aus, so gebührt uns schon aus methodologischen Gründen der Vorzug vor denjenigen, welche n e b e n diesen auch noch anderer Quellen zur Ableitung der Gesetze des Schliessens bedürfen.

§. 56. In der oben mitgetheilten Tafel der kategorischen Syllogismen sind alle *modi* der alten Logik enthalten bis auf vier : *Darapti, Felapton, Bamalip* und *Fesapo*. Diese letzteren *modi* sind in der That fehlerhaft, wie wir sofort zeigen werden.

1. Was *Bamalip* betrifft, so finden wir die Prämissen dieses *modus* im Syllogismus 22); die Conclusion ist jedoch eine wesentlich andere. Wenn es nämlich kein P gibt, das nicht M ist, und kein M, das nicht S ist, so kann daraus nur ge-folgert werden, dass es kein P gibt, welches nicht S ist, aber nicht, dass es S gibt, welche P sind (was ja die Schullogik folgert). Beide Prämissen nämlich sind auch dann wahr, wenn es weder ein P, noch ein M, noch ein S gibt; für diesen Fall aber ist die Conclusion „irgend ein S ist P" offenbar falsch.*)

2. Ein ähnlicher Fehler haftet auch dem *modus Darapti* an. Hier können ebenfalls beide Prämissen wahr sein, ohne dass es ein S, M oder P gibt, wogegen die Conclusion die Existenz von S und P entschieden einschliesst. — Hier und im vorigen

---

*) Ebenso unrichtig wäre natürlich auch die Conclusion „irgend ein S ist nicht P" *Bamalip*, worin ja ebenfalls die Existenz von S involvirt liegt.

Falle wird — wir können dies nicht oft genug betonen — vorausgesetzt, dass die Prämissen e i n f a c h e Urtheile sind. Denn wenn der Satz „alle M sind P" ausser der Verwerfung der Materie M p auch noch die Anerkennung von M enthält, dann allerdings wäre die Conclusion der alten Logik berechtigt. Wir hätten es aber diesfalls mit einem Syllogismus zu thun, dessen eine Prämisse ein Aequivalent für z w e i e i n f a c h e Urtheile darstellt.

3. Die beiden wesentlich identischen *modi Felapton* und *Fesapo* sind darum falsch, weil ihre Prämissen auch dann gelten, wenn der dem Mittelbegriffe entsprechende Gegenstand nicht existirt, für welchen Fall aber über die Existenz oder Nicht-Existenz von S in den Prämissen nichts entschieden ist. Es wäre also mit den Prämissen vereinbar, dass kein S existirt; dann aber ist die affirmative Conclusion „irgend ein S ist nicht P" offenbar falsch. Auch hier wird selbstverständlich vorausgesetzt, dass die Prämissen einfache Urtheile sind.

Wer im Urtheil nur den Ausdruck eines Umfangsverhältnisses sieht und demgemäss — wie fast alle logischen Compendien — aus Beziehungen von Umfangen alle kategorischen Schlüsse deducirt, ebenso aber auch der Anhänger der Quantificationstheorie *) sieht sich mit unabänderlicher Nothwendigkeit zur Annahme auch jener vier eben besprochenen *modi* gezwungen. Ihre Unrichtigkeit würde also für sich allein schon die Unhaltbarkeit derjenigen Theorien erweisen, auf die sie sich stützen.

§. 57. Ist die im Vorigen mitgetheilte Theorie der kategorischen Syllogismen richtig, so ergibt sich daraus sofort die Hinfälligkeit gewisser Regeln, denen nach der Schullogik jeder richtige Schluss unterliegen muss.

Vor Allem wird die streng verpönte *Quaternio terminorum* geradezu zum allgemeinen Gesetz erhoben. **) Die richtigen *modi* der Schullogik, sowie alle andern, die noch hinzukommen, enthalten sämmtlich v i e r *termini*, und nur die falschen Ansichten über Qualität und Materie der einzelnen Urtheile konnten verkennen lassen, dass jeder Syllogismus in einer seiner Prämissen

---

*) Vergl. unten pag. 91 ff.
**) Vergl. B r e n t a n o, Psych. I. Bd., pag. 303.

einen Begriff enthält, dessen contradictorischer Gegensatz in der andern Prämisse oder in der Conclusion vorkommt. Nur in dem Sinne darf das Verbot der *Quaternio terminorum* verstanden werden, dass ein Syllogismus nicht vier Begriffe enthalten dürfe, von denen keiner dem andern entgegengesetzt ist; denn allerdings aus den Begriffen M, S, P, Q kann im Allgemeinen kein Schluss gebildet werden. *)

§. 58. Weiter fällt auch das alte Gesetz: „*Ex mere negativis nil sequitur.*" Die Syllogismen von 17)—24) sind lauter Instanzen gegen dasselbe. Aber nicht nur dies. In Wahrheit gilt der Satz: „*Ex mere affirmativis nil sequitur.*" Dies beweist schon der Umstand, dass alle kategorischen Syllogismen aus den beiden § 47 mitgetheilten einfacheren Schlüssen durch blosse Aenderungen in der Materie gewonnen werden können; von diesen aber enthält der erste eine affirmative und eine negative, der zweite bloss negative Prämissen.

Anmerkung. In historischer Hinsicht sei hier darauf hingewiesen, dass der Satz „*ex mere negativis nil sequitur*" nicht zu den unbestrittenen Gesetzen der Logik gehört. De Morgan führt bereits, indem er die Urtheile a ganz richtig in negativer Form darstellt, Beispiele von Schlüssen an, in denen beide Prämissen negativ sind; ja gerade der „vornehmste" *modus* — *Barbara* — dient ihm hierzu. **) Ihm folgt Jevons, der seine Opposition gegen das hergebrachte Gesetz ebenfalls auf den negativen Charakter der Urtheile a stützt. Sein Beispiel lautet:

Was kein Metall ist, ist einer starken magnetischen Wirkung nicht fähig;
Kohle ist kein Metall;
Also ist Kohle einer starken magnetischen Wirkung nicht fähig. ***)

§. 59. Ueber die Frage schliesslich, ob die Eintheilung der Syllogismen nach den vier Figuren ihre Bedeutung be-

---

*) Boole hat bereits erkannt, dass es Schlüsse mit vier *terminis* gibt. Als Beispiel führt er an:

„*All Vs are Xs*"

„*All not-Vs are Zs*"

„*All not-Xs are Zs*".

Setzt man für X, Y, *not*-Y, Z, bezüglich die Zeichen S, M, m, P und drückt die Urtheile in existentialer Form aus, so erhält man den Syllogismus

$$M s —$$
$$m p —$$
$$s p —$$

denselben, den wir unter 24) angeführt haben. Vergl. über Boole's Lehre Alex. Bain's *Logic*, Part I, p. 205.

**) Vergl. Alex. Bain's Bericht in seiner *Logic*, Part. I. p. 164.

***) *Princ. of Science*, p. 63.

halte, haben wir uns bereits ausgesprochen. Unsere früheren Ausführungen über das Wesen der *conversio simplex* haben gezeigt, dass zwischen dem zu convertirenden und dem convertirten Urtheil als Urtheilen kein Unterschied besteht, dass also, was die Urtheile als solche anlangt, eine Eintheilung der Schlüsse nach der Stellung der *termini* keinen Sinn haben würde. Wird hingegen auf die Antecedentien des Urtheils und, damit zusammenhängend, auf die Bildung des dem Urtheil zu Grunde liegenden Vorstellungscomplexes Rücksicht genommen, dann bleibt jene Eintheilung bestehen — und die Anzahl der Schlüsse steigt auf das Vierfache. Die Logik hat sich jedoch mit derlei Unterschieden nicht zu befassen.

Die herkömmliche Deduction der kategorischen Syllogismen.

§. 60. Die viel verbreitete Ansicht von der nothwendigen Zweigliedrigkeit des Urtheils hatte zur Folge, dass die Logiker von jeher bestrebt waren, die möglichen Verhältnisse der beiden Begriffe, die zum Urtheil gehören, unter allgemeine Gesetze zu bringen. So wurden die Relationen der Inhalte und Umfänge jener Begriffe einer sorgfältigen Untersuchung unterzogen, und in Betreff der Umfänge wenigstens war es gelungen, die bestehende Mannigfaltigkeit auf eine beschränkte Anzahl allgemeiner Typen zurückzuführen und die so gewonnenen Resultate zur Grundlage für eine Deduction aller Folgerungen und Schlüsse zu machen.

In der That ist ja Art und Anzahl der zwischen zwei Begriffsumfängen möglichen Verhältnisse analytisch bestimmbar und somit eine Garantie für die Vollständigkeit der Classification geboten. Zwei Umfänge, A und B, können nur entweder identisch sein (sich decken), oder sich einschliessen, oder sich kreuzen, oder schliesslich ganz ausser einander liegen; ein anderes Verhältniss ist *a priori* nicht möglich, und die Erfahrung brauchte nur in der Frage angerufen zu werden, ob jedes dieser Verhältnisse im psychischen Leben verwirklicht sei, was leicht im positiven Sinne zu entscheiden war.

Die Bedeutung, welche diese Feststellung der Umfangsverhältnisse für die Entwicklung der Syllogismen erlangt hat, ist allgemein bekannt; die bildliche Darstellung derselben durch Sphären, wie sie von dem Zittauer Rector Weisse erfunden und durch Euler populär geworden war, sowie die darauf gegründete Deduction der Schlüsse hat Eingang in fast sämmtliche Lehrbücher der Logik gefunden und ist daselbst bis auf den heutigen Tag herrschend geblieben; ja Fr. Alb. Lange vindicirt ihr nicht bloss das Geschäft der Versinnlichung einer abstracten und wenig anschaulichen Materie, er hält die räumliche Anschauung geradezu für ein wesentliches Moment der logischen Erkenntniss und glaubt von diesem Gesichtspunkt aus nachweisen zu können, dass die Sätze der formalen Logik synthetische Urtheile *a priori* seien, da er mit Kant den Raum für eine apriorische Anschauung hält. Doch ist diese Ansicht längst als Verirrung erkannt worden und wird heute wohl kaum mehr von Jemandem vertreten. *)

Dass wir auch hier den Standpunkt der Schullogik nicht theilen können, würde ohne weiters schon daraus hervorgehen, dass wir gewisse Schlussmodi, die sich aus jenem Gesichtspunkt mit Nothwendigkeit ergeben, als ungiltig erwiesen und eine Anzahl anderer *modi* deducirt haben, welche die Schullogik nicht abzuleiten im Stande war. Immerhin wird es aber hier, wo es sich um eine durch viele Autoritäten und durch lange Tradition gestützte Lehre handelt, am Platze sein, den principiellen Fehler, an dem sie leidet, aufzuzeigen.

§. 61. Der idiogenetischen Urtheilstheorie für sich genommen widerspricht jene Auffassung keineswegs; denn es wäre von vornherein immerhin möglich, dass der Gegenstand, auf den sich das urtheilende Verhalten richtet, stets eine Umfangsrelation ist; wenigstens könnte dies von den zweigliedrigen Urtheilen behauptet werden. **) Gefragt wird also um Folgendes: Ist der Gegenstand jedes Urtheils mit zusammengesetzter Materie eine Relation der Umfänge von Subject und Prädicat? Ist der Satz „alle S sind P" der Ausdruck eines psychischen Actes, der das Eingeschlossensein des Umfanges von S im Umfange von P anerkennt? Der Satz „kein S ist P" der Ausdruck der Ausschliessung des Umfangs S vom Umfange P? Der Satz „einige S sind P" der Ausdruck einer theilweisen Deckung? etc.

 Vergl. Alfred v. Berger, „Raumanschauung und formale Logik". Wien 1886.

** Vergl. pag. 23

Vor Allem involvirt die Lehre, dass die Materie eines Urtheils eine Umfangsrelation sei, eine ganz unzutreffende Beschreibung des psychischen Vorganges. Schon J. St. Mill bemerkt hierüber: „Wenn ich sage, dass Schnee weiss ist, so kann und soll ich an Schnee als an eine Classe denken, weil ich einen Satz als von allem Schnee giltig aussage; allein ich denke gewiss nicht an weisse Gegenstände als an eine Classe, ich denke an keine weissen Gegenstände irgend welcher Art, ausser an Schnee und an die Empfindung des Weissen, die er mir verursacht. Sobald ich freilich geurtheilt oder den Sätzen beigestimmt habe, dass Schnee weiss ist und dass manche andere Dinge auch weiss sind, so beginne ich allmälig, an weisse Gegenstände als an eine Classe zu denken, welche den Schnee und jene andern Gegenstände in sich schliesst. Allein dies ist ein Denkgebilde, das jenen Urtheilen folgte, nicht ihnen vorherging, und das man daher nicht als eine Erklärung derselben ansehen kann."*) Mill verwirft darum eine solche Erklärung als ein Hysteron-Proteron.

In der That, eine glückliche Beschreibung des psychischen Vorganges kann man in jener Lehre kaum finden. Ja man darf noch weiter gehen als Mill: nicht nur an den ganzen Umfang des Prädicates wird nicht gedacht, auch der Umfang des Subjectes ist in Wahrheit nicht im Gegenstande des Urtheils enthalten. Ganz abgesehen von den singulären Urtheilen, bei denen es überhaupt zweifelhaft ist, ob man von einem Subjects-umfang sprechen kann, kann nicht behauptet werden, dass das Subject eines jeden Urtheils ein Collectivbegriff sei; und dies müsste der Fall sein, wenn wirklich das Urtheil darin bestände, dass der Subjectsumfang in eine bestimmte Relation zum Prädicatsumfange gesetzt würde.

§. 62. Wenn hier aber auch keine richtige Beschreibung des Urtheilsvorganges gegeben ist, so wäre doch das möglich, dass jedes Urtheil durch ein anderes ihm äquivalentes Urtheil ersetzt werden könnte, das seinerseits ein Urtheil über eine Umfangsrelation ist. Für diesen Fall wurden wir dann nach wie vor berechtigt sein, das ganze syllogistische Verfahren auf die Betrachtung der Umfangsverhältnisse zu gründen. Wir müssten

*) Syst. d. ded. u. ind. Log. Buch I, Cap. 5. §. 3. Uebers. v. Gomperz I, pag. 87 f.

alsdann bei jedem Syllogismus die Prämissen sozusagen in die Sprache der Umfangsverhältnisse übersetzen und für die Conclusion die entsprechende Rückübersetzung vornehmen. Aehnlich verfährt ja auch der Physiker, wenn er ein Problem auf mathematischem Wege löst, indem er die gegebenen Bedingungen in die Form von Gleichungen bringt; das Resultat, das er zunächst auch nur in Gestalt einer Gleichung erhält, mag er dann immerhin in ein Urtheil verwandeln, das eine irgendwie geartete functionelle Beziehung und nicht die einfache Gleichheit zum Gegenstande hat.

Dies setzt aber, wie schon bemerkt, voraus, dass für jedes Urtheil mit zusammengesetzter Materie ein äquivalentes gefunden werden kann, dessen Gegenstand das Verhältniss der Umfänge derjenigen Begriffe ist, die zusammen die Materie des ursprünglichen Urtheils ausmachen. Wir werden nun untersuchen, ob diese Voraussetzung zutrifft.

Offenbar muss, wenn das Umfangsverhältniss ein bestimmtes sein soll, das Urtheil über dasselbe affirmativ sein; denn die blosse Leugnung eines gewissen Umfangsverhältnisses (etwa des Einschlusses) würde es dahingestellt sein lassen, in welchem Verhältnisse die beiden Umfänge wirklich stehen (also etwa in dem der Kreuzung oder der totalen Ausschliessung). Das Urtheil e durch zwei ausser einander liegende Kreise darstellen, heisst in Wahrheit die Verneinung aus der Urtheilsfunction fortschaffen und in die Materie hineintragen; denn das Urtheil e wird durch diese Darstellung nicht als Leugnung des Einschlusses, sondern als Anerkennung des Ausschlusses der beiden Umfänge aufgefasst. Und wenn die Schullogik auch fort und fort von negativer Qualität der Urtheile spricht, so hat sie dieselbe doch in praxi aufgegeben. Die Darstellung der Urtheile durch Sphärenvergleichung ist also weit davon entfernt, eine blosse Versinnlichung der Deduction der Syllogismen abzugeben — ein Mittel zur „Dressur stupider Köpfe“, wie Prantl mit gewohnter Derbheit sich ausdrückt[*]) —, sie involvirt vielmehr den Hobbes'schen Standpunkt, dem zu Folge jedes negative Urtheil als affirmativ mit negativer Materie betrachtet werden kann. Wenn dieser Standpunkt haltbar wäre, so wäre sie ein

---

[*]) Geschichte der Logik. Bd. I, pag. 362.

treffliches Mittel, dessen sich auch die „nicht-stupiden Köpfe" mit Erfolg bedienen würden.

Ist aber, so müssen wir fragen, der Sinn des negativen Urtheils richtig wiedergegeben, wenn man sagt, es behaupte die gegenseitige Ausschliessung der Begriffsumfänge? Keineswegs. Man bedenke, dass die Anerkennung einer Relation immer auch die Anerkennung ihrer Fundamente involvirt; wird also die Ausschliessung der Umfänge von S und P behauptet, so liegt in dieser Behauptung, 1. dass es eine Mehrheit von S gebe, 2. dass es eine Mehrheit von P gebe, 3. dass keine jener beiden Mehrheiten, weder in ihrer Totalität, noch nach irgend einem ihrer Theile in der andern enthalten sei. Nun zeigt sich aber, dass von diesen drei Behauptungen die ersten beiden in dem Urtheile „kein S ist P" sicher nicht enthalten sind: die Materie S P wird geleugnet, ob S oder P existire, darüber wird nichts entschieden. In der That bleibt ja das Urtheil „kein S ist P" auch dann wahr, wenn es weder ein S noch ein P gibt. Das Urtheil „der Umfang von S schliesst den Umfang von P vollkommen aus" ist mithin keineswegs ein Aequivalent des Urtheils „kein S ist P". — Wir haben bereits früher den Subalternationsschluss von e auf o als unrichtig erkannt, jetzt erkennen wir deutlich die Quelle jenes Fehlers.

Auch das Urtheil a kann nicht als Behauptung des Einschlusses des Umfanges S im Umfange P angesehen werden. Denn auch dieses, in Wahrheit negative, Urtheil sagt nichts darüber aus, ob es S oder P gebe; ja es ist — wir verweisen auf frühere Erörterungen — auch dann richtig, wenn S und P nicht existiren; und darum sind sowohl der Subalternationsschluss von a auf i, wie auch die *modi Darapti* und *Bamalip* falsch, Schlüsse, welche die Sphärentheorie sanctionirt.

Die traditionelle Logik hatte also hier nicht bloss den Fehler einer falschen psychologischen Beschreibung in der Weise begangen, dass sie blosse Aequivalente der einzelnen Urtheilsarten in Betracht zog (Mill); vielmehr sind die Urtheile, welche zu ihrer Beschreibung passen, denjenigen Urtheilen, die sie beschreiben wollte, nicht einmal äquivalent.

§. 63. Anmerkung. Richtig ist natürlich, dass es Urtheile über Umfangsrelationen gibt. „Ein Theil der Wirbelthiere sind Säugethiere", „u iter den Einwohnern von Amerika gibt es solche mit brauner Hautfarbe" u. dergl. m. sind ohne Zweifel Urtheile von dieser Art. Ein Irrthum ist es nur, von allen Urtheilen zu behaupten, dass ihr Gegenstand ein Umfangsverhältniss sei.

Manches konnte zu dieser unberechtigten Generalisation führen. 1. Vor Allem ist klar, dass jedes Urtheil, welches den Umfang von S demjenigen von P einordnet, zu dem weiteren Urtheil berechtigt, dass alle S ... P seien. Ebenso berechtigt das Urtheil, welches die gegenseitige Ausschliessung der Umfänge von S und P. behauptet, zu dem Urtheile „kein S ist P". Man konnte nun leicht in den Fehler gerathen, jene Beziehung umzukehren und anzunehmen, dass überall, wo das Urtheil, „alle S sind P" gilt, auch jenes andere Urtheil Geltung habe, welches die Einordnung des Umfanges von S in den Umfang von P behauptet; und ebenso, dass überall, wo der Satz „kein S ist P" gilt, auch der andere Satz gelte, der den gegenseitigen Ausschluss der Umfänge von S und P behauptet. Dieser Fehler lag um so näher, als ja die Untersuchung der Umfangsverhältnisse in der That häufig der Weg ist, auf welchem Urtheile wie „alle S sind P" und „kein S ist P" gewonnen werden 2. Ein weiterer verführender Umstand, der mit dem vorigen eng zusammenhängt, liegt in der Verkennung des Unterschiedes von einfachen und Doppelurtheilen. Wenn der Satz „kein S ist P" neben der Leugnung der Materie S P auch noch die Anerkennung von S bedeutet, dann allerdings berechtigt jenes Doppelurtheil auch zu dem Urtheil, welches den Ausschluss der Umfänge von S und P behauptet. Nun bedeuten aber Sätze von der Form „kein S ist P" in der überwiegenden Zahl der Fälle derartige Doppelurtheile; es kann also nicht Wunder nehmen, dass man jene Mitbehauptung der Existenz von S als dem verneinenden Urtheil wesentlich ansah und daraus Consequenzen zog, die ihre Geltung verlieren, sobald man es mit einfachen Urtheilen zu thun hat. Analoges gilt auch von den Sätzen „alle S sind P", welche, wenn sie Doppelurtheile bedeuten, nebst der Leugnung der Materie S p auch noch die Anerkennung der Materie S enthalten. 3. Im Betreff des particulären Urtheils scheint mir besonders der unpassende Ausdruck „einige S sind P" den Irrthum unterstützt zu haben, dass auch hier der Gegenstand des Urtheils ein Umfangsverhältniss sei. Diese Formel sollte eigentlich nur für affirmative Urtheile über ein Umfangsverhältniss angewendet werden, und zwar nur für das des vollkommenen Einschlusses von P in S. Dies allein ist der wahre Sprachgebrauch. Wer behauptet, dass ein Theil der Einwohnerschaft Europas Katholiken sind, der drückt dies richtig durch den Satz „Einige Europäer sind Katholiken" aus. Er fällt in der That ein Relationsurtheil, und zwar würde dies Urtheil, wenn man es durch Sphären versinnlichen wollte, nicht (wie es üblich ist) durch die Kreuzung, sondern durch den Einschluss der Sphäre P in der Sphäre S dargestellt werden müssen. Denn um die Classification der Europäer handelt es sich, an asiatische oder amerikanische Katholiken wird gar nicht gedacht. Daher bilden die Katholiken einen Theil der Sphäre der Europäer; ob es auch Katholiken gebe, die einer andern Sphäre angehören, darüber wird Nichts gesagt.

Doch dies nur nebenbei. Ob Kreuzung oder Einschluss, die Behauptung eines Umfangsverhältnisses liegt dem allgemeinen Sprachgebrauch nach ohne Zweifel im Sinne der Formel „einige S sind P". Diese Formel wurde aber durch Kant typisch für das sogenannte particuläre Urtheil, für welches sie, wie wir früher gesehen haben, gar nicht passt. Indem nun unwillkürlich der alte Sprachgebrauch seine Rechte behauptete, glaubte man in jedem particulären Urtheil ein Urtheil über ein Umfangsverhältniss erblicken zu müssen. Sah man nun im universellen

Urtheil eine Art Zusammensetzung aus particulären (wie dies vielfach, so z. B. auch von L o t z e, geschehen ist), so kostete es nur einen Schritt, um auch die universellen und somit überhaupt alle Urtheile für Urtheile über Umfangsverhältnisse zu halten.

Die Quantificationstheorie.

§. 64. Noch ein anderer Versuch, alle Urtheile als Urtheile über eine Relation darzustellen, muss hier erwähnt werden, da er auf eine völlige Neugestaltung der kategorischen Syllogistik abzielt.

Sieht die vorerwähnte Doctrin in jedem Urtheil die Behauptung einer Umfangsrelation, so nimmt die Lehre, die wir jetzt betrachten wollen, an, der Gegenstand jedes Urtheils sei eine Identität. *)

Bei denjenigen „allgemein bejahenden" Urtheilen, bei welchen nicht eine Einschliessung, sondern eine Deckung der Umfänge von S und P stattfindet, sei es klar, dass der Sinn des Urtheils darin besteht, S und P identisch zu setzen. Dies gelte z. B. von jeder richtigen Definition; das *definiendum* sei identisch mit dem *definitum*, also „Quadrat" identisch mit „Viereck mit gleichen Seiten und rechten Winkeln"; der Sinn des Urtheils „alle Quadrate sind Vierecke mit etc." sei: „Quadrat ist identisch mit Viereck von gleichen Seiten und rechten Winkeln." Derartige Urtheile entsprächen der Form

$$S = P.$$

Aber auch bei Urtheilen, in welchen das Subject im Umfange des Prädicates eingeschlossen ist, findet nach der Ansicht jener Logiker die Behauptung einer völligen Identität statt: zwischen dem Subjecte nämlich und einem gewissen Theile des Prädicates. Man brauche nur das Prädicat zu quantificiren, d. h. seinen Umfang auf einen gewissen Theil einzuschränken, dann sei auch dort, wo der ganze Prädicatsumfang mehr als der Subjectsumfang enthalte, eine blosse Identität gegeben. Ein

---

*) Die Anfänge dieser Lehre sind bei Sir William Hamilton zu suchen. Erweitert und auf die Theorie der Syllogismen angewendet wurde sie von Boole und De Morgan. In völlig systematischer Ausbildung und mit strengster Consequenz durchgeführt finden wir sie bei Stanley Jevons, dessen Fassung wir hier zu Grunde legen. Vergl. „Principles of Science" und „The Substitution of Similars".

Beispiel wird dies klar machen. Der Satz, „alle Metalle sind Elemente", entspricht nicht der Formel $S = P$, da es auch Elemente gibt, die keine Metalle sind. Er entspricht aber der Formel

$$S = v\,P,$$

wo v soviel wie „einige" bedeutet, d. h. den Umfang von P einschränkt. Dies hatte bereits B o o l e behauptet. J e v o n s geht noch um einen Schritt weiter: derjenige Theil von P, welcher dem S identisch gesetzt werden könne, sei nicht unbestimmt, sondern gerade diejenigen P scien zu verstehen, welche das Merkmal haben, S zu sein. J e v o n s verwendet daher zur Quantification des Prädicates nicht den unbestimmten Buchstaben v (= einige, unentschieden welche?), sondern eben wieder S. Der obige Satz entspricht also der Formel

$$S = S\,P,$$

z. B. „Metalle sind identisch (nicht mit „einigen", sondern gerade) mit Metalle seienden Elementen". Dies soll der wahre Sinn jedes allgemein bejahenden Urtheils sein, sofern nicht, wie bei Definitionen, eine Deckung der Umfänge stattfindet, für welchen Fall nicht quantificirt zu werden braucht, da die Formel $S = P$ ohnehin schon genügt.

Dieselbe Gleichung $S = S\,P$ gilt auch für das p a r t i c u l ä r bejahende Urtheil, wobei nur S den Sinn von „einige S" hat. *)

Das negative Urtheil „kein S ist P" behauptet nach J e v o n s die Identität der S mit einem Theile der Nicht-P, und zwar wiederum gerade mit demjenigen Theile, der das Merkmal hat, S zu sein. Bezeichnet man mit J e v o n s das contradictorische Gegentheil eines Begriffes mit dem entsprechenden k l e i n e n Buchstaben des Alphabetes, so dass z. B. p soviel bedeutet wie Non-P, so lautet die allgemeine Formel für das universell verneinende Urtheil (e)

$$S = S\,p,$$

d. i. „S ist identisch mit S seiendem Nicht-P"; „keine Primzahl ist eine Quadratzahl" heisst dann „Primzahlen sind identisch

mit Primzahlen seienden Nicht-Quadratzahlen". Das particulär
verneinende Urtheil hat dieselbe Formel

$$S = Sp,$$

nur dass S hier so viel heisst, wie „einige S".*)

§. 65. Dies ist in Kurzem die Lehre von der sogenannten
Quantification des Prädicates. Die Vortheile, welche
diese Theorie für die Ausbildung der deductiven und inductiven
Logik bietet, sind, wenn wir Jevons glauben dürfen, ausser-
ordentliche. Nicht nur macht sie die gesammten Regeln der alten
Logik über Conversion, Contraposition, Aequipollenz, kurz über
Alles, was man unmittelbare Folgerungen nennt, überflüssig,
indem sie dieselben auf die beiden Regeln reducirt, erstens dass
die Theile einer Materie beliebig vertauscht werden dürfen
(A B = B A, *law of commutativeness*), zweitens dass jede Gleichung
umkehrbar ist (wenn A = B, dann B = A) — sie macht auch
den Syllogismus zu einem reinen Rechenexempel, das jeder
ausführen kann, der nur mit den Axiomen der Mathematik
vertraut ist; so erlöst sie den Logiker von dem schwierigen
Studium jener zahlreichen Regeln, welches die Aristotelische
Syllogistik fordert. Es wird fortan mit Begriffen gerechnet, wie
die Algebra mit allgemeinen Zahlen rechnet; und da die syllogistischen Operationen nur den allereinfachsten algebraischen
Operationen entsprechen, so steht nichts im Wege — ähnlich
den Rechenmaschinen — auch eine Art Denkmaschinen zu
construiren, deren Aufgabe es ist, alle jene Gleichungen mecha-
nisch zu entwickeln, die mit einer gegebenen Anzahl von Be-
dingungsgleichungen (den Prämissen) verträglich sind. In der
That hat Jevons in höchst scharfsinniger Weise eine derartige
syllogistische Maschine (er nennt sie „*logical Abacus*") auf
Grund der früher entwickelten Theoreme construirt und in den
„*Principles*" ausführlich beschrieben.**)

*) Auch hier konnte das „Einige" durch ein eigenes Symbol (Q) aus-
gedrückt werden. Die Formel hiesse dann

$$Q S = Q S p.$$

**) Wir wollen, um dem Leser an einem Beispiele die Jevons'sche
Methode zu zeigen, den *modus Barbara* deduciren. Die Prämissen

Alle M sind P
Alle S sind M

§. 66. Fragen wir, zur Kritik übergehend, ob jedes Urtheil eine Identität behauptet?

Hier muss nun dasselbe eingewendet werden, was wir schon gegen die Subsumptionstheorie vorgebracht haben; dass nämlich eine derartige Auffassung den n e g a t i v e n Urtheilen nie gerecht werden kann, da die Behauptung der Identität immer die Anerkennung desjenigen, was identisch gesetzt wird, involvirt, welche Behauptung aber in den negativen Urtheilen gar nicht enthalten ist. Der Satz „kein S ist P" sagt nicht, dass es S gebe und dass diese etwa mit S p identisch seien; er gilt offenbar auch, wenn es kein S gibt. Aehnlich sagt auch der Satz „kein S ist nicht· P" (= „alle S sind P"), dem nach J e v o n s die Gleichung

$$S = S P$$

entspricht, nichts über die Existenz von S aus, und dies müsste er thun, wenn er die Identität von S mit S P behaupten würde. Wir sehen demgemäss, dass alle die Fehler, welche die alte Logik in Betreff der Subalternation und Opposition beging, da sie aus der gleichen Quelle fliessen, auch bei J e v o n s wiederkehren; auch die vier falschen *modi* rechtfertigen sich von seinem Standpunkt ebenso wie von dem der Subsumptionslehre.

Dass die psychologische Beschreibung der einzelnen Urtheilsarten gänzlich verfehlt ist, bedarf kaum des Hinweises, wird sich doch kaum Jemand zu der Ansicht verstehen, dass derjenige, welcher das Urtheil fällt: „Alle Metalle sind Elemente", eigentlich behaupten wollte, Metalle seien identisch mit Metalle seienden Elementen. — Eine andere psychologische Inconvenienz liegt noch vor, welche die Unhaltbarkeit der in Rede stehenden Theorie in's grellste Licht setzen dürfte. Alle Urtheile sind nach J e v o n s ohne Zweifel affirmativ; bei den scheinbar nega-

stellen nach der Quantification der Prädicate folgende Gleichungen dar:

$$M = M P$$
$$S = S M;$$

substituirt man für das M der zweiten Gleichung den durch die erste gegebenen Werth M P, so ergibt sich die Gleichung

$$S = S M P,$$

in welcher die Conclusion von B a r b a r a „alle S sind P" enthalten ist, nur dass wir noch genauer erfahren, w e l c h e P es sind, mit denen die S identisch sind, sc. diejenigen P, welche S und M sind.

tiven liegt ihm zu Folge die Negation in Theilen der Materie; dies musste er annehmen, wenn er in jedem Urtheil die Behauptung einer Identität sehen wollte. Woher aber gewinnt J e v o n s, wenn es gar keine negativen U r t h e i l e gibt, die negativen B e g r i f f e, deren er doch nothwendig bedarf? Darauf ist keine Antwort möglich, und somit erweist sich die Theorie als eine Fiction.

Solchen Schwierigkeiten unterliegt J e v o n s' Ansicht, schon wenn man ihre Geltung auf die zweigliedrigen Urtheile einschränkt. Wendet man sie aber beispielsweise auf die negativen Existentialsätze an, so wird ihre Unhaltbarkeit womöglich noch klarer. Dem Satze „es gibt keinen Lindwurm" entspricht, sobald wir mit S den Lindwurm, mit P das Seiende (also mit p das Nicht-Seiende) bezeichnen, die Gleichung

$$S = S\,p.$$

Man versuche nun diese Formel zu interpretiren! „Lindwurm ist identisch mit nicht-seiendem Lindwurm"? Dies ist ein Widerspruch. Oder vielleicht: „Lindwurm ist identisch mit demjenigen Nicht-Seienden, welches ein Lindwurm ist?" Dies ist ebenso deutlich eine Absurdität.

So viel steht also fest: von der Quantificationstheorie ist eine verbessernde Reform der Syllogistik nicht zu erwarten.

V. CAPITEL.

Das zusammengesetzte oder Doppelurtheil.

§. 67. Wir haben allen bisherigen Erörterungen die Voraussetzung zu Grunde gelegt, dass die den einzelnen Aussagen entsprechenden Urtheile wahrhaft e i n f a c h seien. Dies deutete schon auf das Vorhandensein z u s a m m e n g e s e t z t e r Urtheile hin. Wenn wir uns nun hier auch nicht auf eine erschöpfende psychologische Analyse der letzteren einlassen, so muss doch wenigstens erklärt werden, was wir mit dem Ausdruck „zusammengesetztes Urtheil" eigentlich meinen, würde es doch sonst kaum recht möglich sein, den Begriff „einfaches Urtheil" so zu verstehen, dass jede Missdeutung ausgeschlossen ist.

Wir verstehen unter zusammengesetzten Urtheilen nicht jene Urtheilsverbindungen, die man häufig als conjunctive Urtheile bezeichnet hat und bei denen es sich einfach um eine Mehrheit von Subjecten oder Prädicaten handelt. Hier ist der sprachliche Ausdruck nur eine Abkürzung für eine Mehrheit von Aussagen, deren jeder ein einfaches Urtheil entspricht. Der Satz „Petrus, Paulus, Jacobus, Johannes etc. waren Apostel" ist lediglich eine Zusammenziehung der Sätze „Petrus war ein Apostel", „Paulus war ein Apostel" etc. Wenn wir nur um solcher Sätze willen eine Scheidung der Urtheile in einfache und zusammengesetzte vornähmen, dann gingen wir in der That — um Mill's Worte zu gebrauchen — nicht viel vernünftiger vor als derjenige, der die Pferde in einzelne Pferde und in Gespanne von Pferden eintheilen wollte. *)

Andere Fälle sind es jedoch, die wir hier im Auge haben. Es zeigt sich nämlich, dass es Urtheile gibt, die sich weder als einfache Anerkennung oder Verwerfung eines gewissen Gegenstandes darstellen, noch auch in einfache Anerkennungen oder Verwerfungen mehrerer Gegenstände auflösen lassen (wie dies beim „conjunctiven" Urtheil der Fall ist). Dies gilt für diejenigen Fälle, in welchen ein Gegenstand S anerkannt, ihm aber zugleich ein P zu- oder abgesprochen wird, wie wenn ich sage, „dieser Mensch ist ein Verbrecher", „jene Pflanze ist nicht giftig" u. dergl. Das Demonstrativ zeigt bereits an, dass die Subjects-materie anerkannt wird, im zweiten Beispiele also eine da oder dort befindliche, so und so beschaffene Pflanze; auch die Anerkennung einer nicht giftigen Pflanze liegt im Urtheil involvirt. Aber es ist sofort ersichtlich, dass diese beiden Urtheile zusammen noch immer nicht das ausmachen, was in dem Urtheil „diese Pflanze ist nicht giftig" enthalten ist. Man kann die in dem Worte „diese" bereits liegende Anerkennung nicht in der Weise davon in Abzug bringen, dass der Rest nicht wieder gerade jene Anerkennung mit enthielte; denn dieser Rest enthält nicht einfach die Anerkennung irgend einer nicht-giftigen Pflanze, sondern gerade „dieser" Pflanze; der Ausdruck

„diese Pflanze" schliesst aber eben für sich genommen bereits eine Anerkennung (d. i. ein Urtheil) ein. Zwischen den Theilen des genannten Urtheils besteht also nicht gegenseitige, sondern nur **einseitige Ablösbarkeit**. Brentano, der zuerst auf das Vorhandensein solcher Doppelurtheile aufmerksam gemacht hat*), vergleicht darum mit Recht das Verhältniss, das zwischen ihren Theilen besteht, mit dem Verhältniss zwischen Gattungs- und Artbegriff im streng Aristotelischen Sinne, z. B. Röthe und Farbe; will man den Begriff Röthe in Gattung und specifische Differenz zerlegen, so zeigt sich auch hier eine bloss einseitige Ablösbarkeit; denn die Differenz, die zum Gattungsbegriff Farbe hinzukommen muss, um mit ihm zusammen den Begriff Röthe zu ergeben, ist nichts Anderes als Roth: die Differenz schliesst den Gattungsbegriff in sich.

Auf dem Gebiete des Urtheils findet sich, wie bemerkt, eine analoge einseitige Verflechtung überall dort vor, wo einem als seiend anerkannten (also bereits beurtheilten) Inhalt irgend eine Bestimmung zu- oder abgesprochen wird. Dies trifft im psychischen Leben ausserordentlich oft zu; wenn wir nach den Eigenschaften eines bekannten Dinges oder nach seinen Beziehungen zu andern forschen, so sind die Ergebnisse solcher Untersuchungen immer derartige Doppelurtheile.

§. 68. Dem sprachlichen Ausdrucke kann man es in sehr vielen Fällen nicht ansehen, ob ihm ein psychologisch einfaches oder ein Doppelurtheil entspricht. So wurde bereits früher gesagt, dass der Satz „alle S sind P" einmal die blosse Verwerfung der Materie S p bedeute (in welchem Falle er über die Existenz von S nichts aussagt), ein andermal aber die Anerkennung von S mit enthalte und somit den Sinn habe „es gibt S und von diesen S ist keines ein nicht-P". Die Umstände, unter denen der Satz ausgesprochen wird, namentlich der Zusammenhang der Rede, werden hier, wie vielfach anderwärts zu entscheiden haben. In andern Fällen jedoch gibt es gewisse sprachliche Zeichen, welche sofort das Vorhandensein eines Doppelurtheils erkennen lassen. Dies letztere gilt namentlich in **drei Fällen**:

1. Wenn das Subject eines Satzes ein Personalpronomen

---

*) „Vom Ursprung sittlicher Erkenntniss", pag. 57.

ist oder ein Possessivpronomen enthält. In Sätzen wie „ich bin krank", „du bist nicht recht bei Sinnen", aber auch „mein Haus ist baufällig" u. dergl. involvirt offenbar das Subject bereits die Anerkennung eines persönlichen Wesens oder eines Dinges, das zu einem solchen in Beziehung steht.

2. Wenn das Subject ein demonstrativer Ausdruck ist, entweder ein Demonstrativum selbst, oder ein Substantiv in Verbindung mit einem Demonstrativpronomen, beziehungsweise mit einem demonstrativen Adverbium (hier, dort etc.).

3. Wenn das Subject ein *nomen proprium* oder ein gleichwerthiger Ausdruck ist. In dem Satze „Aristoteles war der Begründer der Logik" enthält bereits das Subject die Anerkennung eines Mannes, der in Griechenland lebte, sich der philosophischen Forschung widmete etc.*)

§. 69. Da der eine Theil eines Doppelurtheils immer darin besteht, dass ein gewisser Inhalt anerkannt, der andere darin, dass diesem anerkannten Inhalte Etwas zu- oder abgesprochen wird, so ergibt sich, dass die Qualität eines derartigen Urtheils entweder doppel-affirmativ oder affirmativ-negativ sein muss.

§. 70. Es fragt sich nun, was für Modificationen die Syllogistik erleidet, wenn an Stelle der einfachen Urtheile Doppelurtheile treten.

I. Nehmen wir an, das Doppelurtheil sei von doppelaffirmativer Qualität. Für dieses gilt natürlich, was wir über Doppelurtheile überhaupt bemerkt haben: es lässt sich nicht in zwei einfache und selbstständige, d. i. gegenseitig ablösbare Urtheile zerlegen. Dies hindert jedoch nicht, dass einfache Urtheile gefunden werden können, die ihm, wenn auch nicht psychologisch i d e n t i s c h, so doch logisch ä q u i v a l e n t sind. Ist nun ein Doppelurtheil von doppel-affirmativer Qualität, so

---

*) Dieser Fall eines Doppelurtheils ist auch dann gegeben, wenn der Eigenname, wie die Scholastiker sagen, für das Genannte als Genanntes supponirt. In diesem Sinne kann Einer an einen Gott Poseidon nicht glauben und dennoch das Urtheil fällen „Poseidon war der Gott des Meeres". Der Satz schliesst als Doppelurtheil die Existenz des Subjectes ein. Nur freilich muss man bedenken, dass das wahre Subject des Satzes „Poseidon Genanntes" ist, für welches der Name Poseidon supponirt.

ist ihm ein einziges einfaches affirmatives Urtheil äquivalent, dessen Materie das Subject und Prädicat des Doppelurtheils enthält. So ist das Urtheil „Sokrates ist ein griechischer Philosoph" zwar ein Doppelurtheil; ihm äquivalent ist aber ohne Zweifel ein einfaches Urtheil, das die Materie „griechischer Philosoph Sokrates" anerkennt; denn auch im einfachen affirmativen Urtheil wird jeder Theil der Materie *implicite* anerkannt; und wenn das Doppelurtheil gewisse Theile *explicite* anerkennt, so macht dies zwar einen Unterschied in der psychologischen Charakterisirung des Phänomens, ändert aber nichts an seiner Aequivalenz mit dem andern Urtheil. Wegen dieser logischen Aequivalenz nun wird ein derartiges Doppelurtheil, wenn es als Prämisse auftritt, zu ganz derselben Conclusion führen, wie das ihm äquivalente einfache Urtheil. Von Seite der Doppelurtheile mit doppel-affirmativer Qualität werden also die syllogistischen Regeln keinerlei Aenderung zu erfahren haben.

II. Anders steht es mit den Doppelurtheilen von affirmativ-negativer Qualität. Für sie lässt sich ein logisches Aequivalent nur in Gestalt zweier einfacher Urtheile finden. Das Doppelurtheil „alle S sind P" hat sein Aequivalent in den beiden einfachen Urtheilen:

es gibt S; und

es gibt kein S, das nicht P ist.

Ein Syllogismus, dessen eine Prämisse das Urtheil „alle M sind P" als Doppelurtheil ist, ist daher so zu behandeln, wie wenn an Stelle dieses Urtheils die beiden einfachen Urtheile

M +

und M p —

stünden. Wir wollen dies durch ein Beispiel erläutern. Es seien als Prämissen die Urtheile

alle M sind P

alle M sind S

gegeben. Sind diese einfach, so ergibt sich früheren Ausführungen zu Folge keine Conclusion (Ungiltigkeit des *modus Darapti*). Ist jedoch z. B. die erste Prämisse ein Doppelurtheil, indem sie die Existenz von M einschliesst, so können als Aequivalent für sie die beiden einfachen Urtheile

$$M\, p\, -$$
und $\quad M\quad +$

gesetzt werden, welche für sich schon zu dem Schlusse

$$M\, P\, +$$

führen; dieses letztere Urtheil, als Prämisse gesetzt und mit

$$M\, s\, -$$

vereinigt, ergibt den pag. 75 unter 6) namhaft gemachten Syllogismus

$$M\, P\, +$$
$$\underline{s\, M\, -}$$
$$S\, P\, +\quad \text{(irgend ein S ist P)}.$$

So rechtfertigt sich ein Schluss, der in der Schullogik den Namen *Darapti* führt, und den wir unter Voraussetzung der Einfachheit der Prämissen als falsch erkannt haben. In ähnlicher Weise liesse sich zeigen, dass auch die *modi Felapton, Bamalip* und *Fesapo*, die wir als unrichtig verwerfen mussten, giltig werden, sobald auch nur Eine ihrer Prämissen ein Doppelurtheil mit affirmativ-negativer Qualität ist.

Damit ist natürlich das Vorgehen der traditionellen Logik nicht entschuldigt; denn entweder wollte sie nur diejenigen Schlüsse in den Kreis ihrer Betrachtungen ziehen, deren Prämissen wahrhaft einfache Urtheile sind — dann sind jene vier *modi* falsch; oder sie will jedes Urtheil im Sinne eines Doppelurtheiles verstehen — dann thut sie Unrecht daran, sich um die grosse Menge derjenigen Schlüsse nicht zu kümmern, die sich aus einfachen Urtheilen ergeben.

Die Tafel der Syllogismen würde, wenn man in der angedeuteten Weise auch die Doppelurtheile mitberücksichtigt, eine nicht unbeträchtliche Erweiterung erfahren. Doch ist es überflüssig, alle jene Schlüsse, welche zu den früher entwickelten noch hinzukommen würden, hier eigens anzuführen. Schlüsse mit Doppelurtheilen lassen sich ja, wie bemerkt, immer dadurch prüfen, dass man die Doppelurtheile in diejenigen einfachen Urtheile auflöst, welche ihr logisches Aequivalent darstellen und dann die syllogistischen Regeln, wie sie unter Voraussetzung einfacher Urtheile gelten, zur Anwendung bringt.

Repräsentiren ferner die Aussagen „alle S sind P" und „kein S ist P" Doppelurtheile, indem zur Leugnung von S p, respective S P auch noch die Anerkennung von S hinzukommt, so sind auch die Subalternationsschlüsse auf i, respective o berechtigt. Sobald man hiebei die Doppelurtheile von der Form a und e in die entsprechenden äquivalenten Urtheilspaare auflöst, ergeben sich sofort die Schlüsse

$$\begin{array}{cc} \mathrm{S\,p} - & \mathrm{S\,P} - \\ \underline{\mathrm{S} \;+} & \underline{\mathrm{S} \;+} \\ \mathrm{S\,P} + & \mathrm{S\,p} + , \end{array}$$

und

dieselben, die wir bereits §. 47 berücksichtigt haben. Unter Voraussetzung der Einfachheit derjenigen Urtheile, aus denen gefolgert wird, sind die Subalternationsschlüsse natürlich falsch.

III. Bei Doppelurtheilen ist ferner die Stellung der *termini* nicht mehr irrelevant wie bei den einfachen; vielmehr gewinnt die Scheidung der Materie in Subject und Prädicat (und die dieser Scheidung entsprechende Stellung der *termini*) erst im Doppelurtheil ihre logische Berechtigung. Als Subject der Doppelurtheile haben wir denjenigen Theil der Materie anzusehen, dessen Anerkennung als selbständiger Theil von dem Doppelurtheile ablösbar ist. Im Doppelurtheil wird immer eine Affirmation zu Grunde gelegt *(subjicitur)* und die Materie dieser zu Grunde gelegten Anerkennung ist das S u b j e c t. Subjects- und Prädicatsbegriff können daher ihre Stellung nicht vertauschen. Beim Urtheil mit doppel-affirmativer Qualität entspricht der Umkehrung ein anderer psychischer Thatbestand; immerhin aber könnte das eine Urtheil wenigstens als Aequivalent des andern betrachtet werden. Ist jedoch das Doppelurtheil von affirmativ-negativer Qualität, dann wird durch seine Umkehrung auch nicht einmal eine Aequivalenz erreicht. Denn wenn einem affirmirten S ein P abgesprochen wird, kann dies auch darum geschehen, weil es ein P überhaupt nicht gibt; diesfalls aber ist offenbar die Umkehrung, welche einem affirmirten P ein S absprechen würde, falsch.

Ist aber in solchen Fällen die Stellung der *termini* von höchster logischer Bedeutung, so folgt daraus unmittelbar, dass für eben diese Fälle die Scheidung der Syllogismen nach den vier Figuren ihre unbestreitbare Berechtigung hat; freilich aber sind dies nicht diejenigen Syllogismen, die wir früher entwickelt haben und die allen anderen, in welchen Doppelurtheile zur Verwendung kommen, zu Grunde gelegt werden müssen.

Anmerkung. Wie bekannt, wird auch bei einfachen Urtheilen eine Scheidung in Subject und Prädicat vorgenommen. Der grammatischen Form nach sind solche Urtheile von den Doppelurtheilen nicht zu unterscheiden, weshalb der Grammatiker immerhin hier und dort von Subject und Prädicat sprechen mag. Es ist aber aus dem Vorausgegangenen klar, dass diejenigen Gesichtspunkte, welche im Doppelurtheile einen Theil der Materie als Subject, einen andern als Prädicat erscheinen lassen, auf das einfache Urtheil, auch wenn es in kategorischer Form ausgedrückt wird, gar nicht mehr anwendbar sind. Für den Psychologen wie für den Logiker haben daher die *termini* Subject und Prädicat nur im Doppelurtheil Anwendung; und falls er — dem Grammatiker folgend — diese *termini* auch auf die Theile der Materie eines einfachen Urtheils anwendet, so möge er sich dessen bewusst bleiben, dass er dies nur *aequivoce* thun kann.

Berichtigungen.

Seite 4, Zeile 2 von oben, statt κειμένουὲξ lies κειμένων ἐξ.

„ 10, „ 3 „ „ streiche das Komma nach „vorhin“.

„ 24, „ 7 „ „ ergänze §. 14.

„ 34, „ 21 „ „ statt diese lies dieses.

„ 52, „ 13 „ unten „ Subjecte lies Subject.

„ 54, „ 2 „ oben „ Fraunhofer lies Frauenhofer.

„ 57, „ 2 „ „ „ Quantität lies Vielheit.

„ 60, „ 19 „ „ soll beginnen mit „alle S sind P“.

„ 73, Anmerkung, statt A B — lies A B +.

„ 82, „ „ Bamalip lies Bamalop.